あなたの会社は大丈夫？

標語・川柳で学ぶ管理者のための企業リスクマネジメント

企業リスク研究所 代表
白木 大五郎［著］

丸善プラネット株式会社

推薦のことば

社会の価値観の変化やそれに対応した法整備に伴い、ＣＳＲ経営の根幹をなす社員へのコンプライアンス教育がますます重要になってきています。各企業は様々な方法により、社員のコンプライアンス・マインドの高揚を図り、その考え方を理解させ、浸透させていくことに努力されていることと思います。しかし、教育や講演を実施するのは簡単ですが、全社員に本当の意味でのコンプライアンスの理解を深め、定着を図ることは非常に難しいと感じているのではないでしょうか。本書は、そんな悩みを抱えた管理者の皆様にとって、時宜を得たユニークで大変有効な教育読本です。

著者の白木大五郎氏は、㈱日立製作所時代から、人事・労務畑を一筋に歩み、国内でも有数な人事・労務のスペシャリストと紹介しても過言ではありません。その長年培ったリスクマネジメント、教育マネジメントの経験から、「より分かりやすく、より浸透しやすいコンプライアンス教育読本」として、著者が私ども日立電子サービス㈱の人事・労務担当役員および常勤監査役時代に考案、熟成されたのが本書です。

本書は、コンプライアンス経営上、必要とされる理念や考え方を、社会的な事件や事例に基づき、著者独特のウィットに富んだ視点から、五・七・五のリズムに乗せて川柳としてまとめ、解説をつけ加えた労作です。著者の社員を愛する気持ちに満ちています。社員を守りたい、その情熱が長年にわたり川柳を生み続けたエネルギーの源泉ではないかと思います。

ちなみに当社では、この「コンプライアンス川柳」を私も含め社員一人ひとりが使用するパソコンのスクリーンセーバーとして活用しています。教育の実施はたった一日でも、川柳に込められたメッセージが、毎日繰り返し社員の目に、心に焼きつき、コンプライアンスの浸透と定着に寄与しています。

社員のコンプライアンス教育について、有効な手段を模索している管理者の皆さん、ぜひ一度、本書を手に取って見てください。新しい形のコンプライアンス教育がここにあります。

最後に白木大五郎氏にお礼を申し上げます。白木氏には日立電子サービス㈱にコンプライアンス・マインドの苗木を植え、育てていただきました。引き続き社員一同大切に育てて参ります。本当にありがとうございました。

二〇〇七年五月

日立電子サービス株式会社
代表取締役　社長執行役員
百瀬次生

はじめに

近年、急速に進展した経済のグローバル化や、相次ぐ企業の内部統制に関する法制化は、日本企業におけるコーポレートガバナンス（企業統治）のあり方に大きな影響を与えています。

企業経営において特に注目すべきものとしては、二〇〇六年五月施行された新会社法が求める内部統制システムの構築義務や、二〇〇八年四月から上場企業に適用される金融商品取引法などがあります。中でも金融商品取引法は、企業の不正会計防止と投資家保護を目的とした米国SOX法（企業改革法）の考え方を強く反映しており、「社会の公器」といわれる企業を預かる経営者に対し、会計処理の適法性確保や会社情報の適正開示など、企業が良き企業市民としての社会的責任を果たすことの重要性をより強く意識させるものとなっています。

さらに、より公正なルール社会の実現を目指して、企業活動に対する監視の眼や不祥事を発生させた企業への社会的制裁も非常に厳しくなっております。不祥事発生時の対応の良し悪しによっては、企業の存続が脅かされたり、市場からの撤退を余儀なくされる事例も急増しています。

一方、企業を取り巻く環境の変化とともにリスク発生要因はますます多様化・複雑化しています。

経営者にとってリスクマネジメント（危機管理）は、今や事業運営における最重要課題の一つとなっています。最近、社会環境の変化や新たな法規制に、企業の管理システムや社員の意識が追従できないことが原因による企業不祥事が多発しています。経営者や企業リスクマネジメント担当者は、いかにしてこれら企業リスクから会社を守るか日夜苦心惨憺しているのが現状です。今、企業に求められているのは、「基本と正道」・「損得より善悪」に対する企業トップの強い信念とリーダーシップであり、社員一人ひとりの企業リスクに対する危機意識です。

しかし、リスクマネジメントやコンプライアンス（法令順守）といった問題は、一般社員にとって内容そのものが堅苦しく、理解しがたいことも事実です。本書は、これら難しくて馴染みがたいテーマを管理者や一般社員に理解しやすいように、企業リスクに対する基本的な考え方、リスク発生時の対応心得、職場管理における日常の留意点などの重要ポイントを標語や川柳にまとめ、それに簡単な解説を加え、さらに、不祥事が多発する中で、時間の経過とともに忘れがちになりそうな最近の企業・官庁におけるリスク・不祥事・重要事故をジャンル毎に、「時事川柳」として整理したものです。

本書の構成は、前段が「企業リスクマネジメント標語・川柳」と「解説」です。「解説」は、第1章リスクマネジメント、第2章コンプライアンス、第3章クライシスマネジメント、第4章機密情報保護、第5章職場管理、第6章主な法務リスク関連となっています。後段は、「リスク・不祥事・事故事例に関する時事川柳」と「参考資料」です。「参考資料」は、1　企業におけるリスクマネジメント、２ 最近の企業・官公庁のリスク発生事例、３ 経営責任に対する最近の動向と対応策、４ リスク発生時の対応、５ 対談「変化する時代の座標軸」となっています。
本書が企業における管理者の方々の部下に対する指導や社内研修の参考書として、少しでもお役に立てば大変幸甚に存じます。

二〇〇七年六月

企業リスク研究所代表
白木大五郎

重版にあたって

二〇〇七年八月十日の全国発売とともに、マスコミの皆様から大変大きな関心を頂きました。『西日本新聞』（八月十七日付朝刊）にて、写真入り五段抜きで本書が紹介され、さらに、『週刊東洋経済』（九月一日号）では、今週のお薦め図書として短評とともに全国にご紹介を頂きました。おかげさまにて本書の売れ行きも好調でこのたび、緊急重版することになりました。皆様のご支援に心から感謝いたしております。

◆不祥事事件認識度テスト

企業リスク研究所

Q下記不祥事川柳の事件概要を知っているものについて、□にチェックしてください。

□粉飾を　歴代引き継ぎ　20年！
□当選者　水増し発表　せこい奴！
□原子力　安全神話の　高いツケ！
□白斑の　対処遅れで　被害増え！
□汚染水　モグラ叩きで　時が過ぎ！
□金券で　手軽に入手の　教職位？
□流用と　セクハラ・暴力　合わせ技！
□モウケッコー　トンと気づかず　ミンチ肉！
□運用の　高利がエサの　エセ投資！
□インサイダー　未発表ニュースで　株投資！
□医療ミス　白衣の人は　知っている！
□改ざんで　赤白揃った　モチとチョコ！

□再生紙　エコよりエゴが　優先し！
□イージス艦　機密と安全　イージー艦？
□発煙で　リチュウム電池が　世に知られ！
□脱税で　名前が変わって　バッドウイル！
□使い回し　吉の料理は　凶（京）の味？
□特選牛　産地等級　ひだ（飛騨）隠し！
□輸入米？　イイエ自社製　ジコ米です！
□期限切れ　使った会社も　期限切れ！
□聞いちゃった　聞いた貴方は　ペナルティ！
□寝てないよ！　態度でわかる　危機意識！
□不払いで　保険の安心　遠くなり！
□湯沸かし器　品質過信が　仇となり！
□貸す時の　笑顔が変わる　取り立て時！
□リコールを　アンコールして　大目玉！
□原因は　置石かも……と　自己弁護！
□戦闘機　談合オイルで　高く飛ぶ？
□調停金　ネコババしたのが　弁護人！

□介護費を　食い物にする　罰当たり！
□坊ちゃんが　カジノで火遊び　大往生！
□研究費　架空発注　甘い汁！
□〝安全〟を　〝規制〟と変更　委員会？
□ノバなしで　預り金を　流用し！
□名義株　知らぬが仏の　名義人！
□大学生　つぶやき炎上　記者会見！
□随契に　ゴルフと洋行　付いている！
□国産の　ウナギが喋る　中国語！
□漏洩の　お詫びは金券　5百円？
□手鏡は　大学教授の　必需品？
□偽装肉　怒りの熱で　雪が溶け！
□六本木　回転ドアが　新名所？
□CO事故　お詫び続けて　株を上げ！
□店長の　除外はダメよと　労基法！
□肉まんに　巨額の違法　添加物！
□役人は　分母減らして　率を上げ！

□誰の責？　宙浮く年金　5千万件！
□トリインフル　届出遅れが　命トリ！
□想定内？　ヒルズの寵児は　檻の中！
□エレベータ　保守安全は　カゴの外？
□水浸けて　基準合格　防火壁！
□制作費　胃腸の中に　消えました！
□心・技・体　八百長ないと　信じたい！
□ストーカー　判事の審判　誰がする？
□粉飾の　化粧が似合う　監査人？
□見逃した　役所も悪いと　強答弁！
□コースター　点検手抜きで　死亡事故！
□少々の　スピード違反で　改造し！
□ロト詐欺の　手口は〝番号　教えます〟！
□手抜き放置　ポッポ屋魂　何処へやら？

〔チェックの数による自己評価〕
55以上＝秀　50以上＝優　40以上＝良
30以上＝可　29以下＝不可

目次

時事川柳──リスク・不祥事・事故　二〇〇選……163

企業リスクマネジメント標語・川柳

一一二選

1 リスクマネジメント

1

「経営は　リスク対処の　積み重ね」

2

「企業リスクの特色は　〝多様化・巨大化・複雑化〟」

3

「市場競争　三つのルール　〝自由《フリー》・公正《フェア》・国際基準《グローバル》〟」

4「〝時価主義・連結・キャッシュフロー〟会計基準　ビッグバン」

5「企業リスクの地雷原　知らずに歩く　アホがいる」

6「日本全国地震帯　見直せ　我が社のBCM」

7「〝コンプ・CS・ES〟は　経営力の　バロメータ」

8
「国際化　問われる企業のガバナンス　COSOが評価の　座標軸」

9
「敵対買収防止策　〝事前の備え〟と　〝価値向上〟」

10
「法化社会のキーワード　〝規制緩和〟と　〝罰則強化〟」

11
「〝攻め〟と〝守り〟のバランスが　強い企業を　作ります」

12「モノ言う株主急増し　株主総会　様変わり」

13「不祥事で　居並ぶ幹部の首が飛ぶ　役員保険も　急増中」

14「国際競争熾烈化し　業界再編　待ったなし」

15「リスク発生要因が　ビジネスチャンスと　なる時代」

2 コンプライアンス

1
「不祥事発生防止策　〝性悪説〟より　〝性弱説〟」

2
「罪重し　犯したことより　隠すこと」

3
「機能強化の〝監査役〟！　〝閑査役〟では　ありません」

4
「企業監査の二本の柱　〝財務〟と　〝内部統制〟です」

5
「監査して　監査もされます　監査人」

6
「〝談合・裏金・天下り〟　慣行許さぬ　社会の眼」

7
「世の中の　企業評価のポイントは　〝CSR重視〟です」

8
「忠実な　〝企業人〟である前に　良識備えた　〝社会人〟」

9
「ビジネス環境・新法規　変化に規則が　追いつかず」

10
「かつての成功体験が　リスク見る目を　曇らせる」

11
「座標軸　変れど変らぬ〝粘土層〟　貴方はなって　いませんか？」

12「知らなかった　では済まされぬ法規制　コンプ違反は　命取り！」

13「損得が　善悪よりも優先し　あとで大きな〝ツケ〟となる」

14「誤った　達成意識が暴走し　〝不正の温床〟作り出す」

15「企業不祥事　二つのタイプ　〝害虫タイプ〟と　〝カビタイプ〟」

16
「仕事・信用・家族も夢も　全てを奪う　破廉恥罪」

17
「契約が　訴訟リスクを左右する　プロの視点で　再チェック」

18
「不祥事を　進んで公表しないのは　〝隠匿ですよ〟　ご用心」

19
「脱談合！　企業の誓い何処へやら　風土改革　道遠し」

3 クライシスマネジメント

1「リスク発生その時は　まずは〝リ対〟へ　第一報」

2「個人力より組織力！　活かす企業の　ホットライン」

3「対処のベストポリシーは　〝正直・迅速〟　対応です」

4「初期対応の良し悪しが　〝天国・地獄〞の　分かれ道」

5「リスク発生　記者会見　判る企業の　危機意識」

6「責任転嫁　言い逃れ　厳しく糾弾　記者会見」

7「不祥事に　対する厳しい世間の眼　〝イベント・言動〞　気をつけて」

8
「人がやる　リスクは必ず発生す　この認識が　重要だ！」

9
「リスク管理の優劣は　〝想定内〟か　〝想定外〟」

10
「リスク発生防ぐには　まずは要因　減らすこと」

11
「リスク被害の最小化！　これぞ対処の　基本なり」

12
「無用の混乱防止策　情報窓口　一元化」

13
「誰がやった何故やった！　だけではリスクの　火は消えぬ」

14
「〃災い転じて福となす〃　教訓活かせ　危機管理」

15
「不祥事で　メディア訓練　一夜漬け」

16「リスク管理の三要素　〝予防〟と〝対処〟と　〝再発防止〟」

17「盗難事件と遺失物　取扱は違います　届出前に　要相談！」

18「三つの漏れが　重なって　ＣＯ被害　甚大化」

19「安全第一　エレベータ　保守安全は　カゴの外？」

20

「安全対策　想定外？　幼児に牙を剥く　シュレッダー」

4 機密情報保護

1　「Dトラは　Cトラよりも　怖いのよ」

2　「製品よりも情報が　今では巨大な　価値を生む」

3　「情報漏洩代償は　一件平均　一三億円」

4「漏洩は　ＩＴ企業の　恥と知れ！」

5「ＰＣ・ケータイ・ＭＣは　漏洩リスクの　Ｎｏ・１」

6「飲むなら持つな　持たせるな　漏洩防止の　基本です」

7「車上荒らしが　急増中　ＰＣ・カバンは　トランクに」

8
「情報媒体　受け渡し　書類で残せ　エビデンス」

9
「わが身を守るルールこそ　〝漏洩防止三原則〟」

10
「データ残っていませんか？　廃棄の前に　再確認！」

11
「(秘)情報メールには　二重ロックの　セキュリティ」

12
「情報漏洩防ぐには　ハートとハードに　セキュリティ」

13
「持ち出すな　顧客情報事故のもと　上司の承認　もらったか？」

14
「パスワード　定期的な変更は　ＰＣ管理の　基本です」

15
「漏洩急増　ウイルス被害　私物ＰＣ　使用不可」

16「Ｐマーク　顧客信頼　つなぐ鍵」

17「メール・ＦＡＸ相手先　アドレス・番号　再確認！」

18「新型ウイルス登場で　ネット被害も　多種多様」

19「〝無償ソフト〟に気をつけて！　背後に潜む　落とし穴」

5 職場管理

1
「〝コンプ情報記録ノート〟　談合拒否の　証明書」

2
「〝メンタル・セクハラ・長残〟は　職場リスクの　赤信号」

3
「サービス残業・長残は　管理者不在の　証です」

4
「パート・派遣・アルバイト　コンプ意識も　多種多様」

5
「日頃の業務プロセスを　リスクの視点で　再チェック！」

6
「無免許で　怯えた日々の三年間　罪人作らぬ　危機管理」

7
「人・物・金と情報の　全てにリスクが　潜んでる」

8

「コンプ意識の徹底は　まずは〃基本の遵守〃から」

9

「告発動機の九割は　上司に対する　不満です」

10

「内部告発・危機管理　最大リスクは　人・人・人」

11

「職場の小さな〃リスクの芽〃　地下に巨大な　〃リスクの根〃」

12
「〝ミザル〟が　職場にリスクの種をまき　減点主義が　育てます」

13
「〝天知る・地知る・われが知る〟　いつも誰かに　見られてる」

14
「フタしても　臭いは必ず漏れてくる　口に扉は　立てられず」

15
「ＥＳが　コンプとＣＳ　支えます！　高める上司の　指導力」

16
「コンプ教育目的は　社員と家族を　守るため！」

17
「リスクの芽　摘み取る職場の　風通し」

18
「〝クレーム・トラブル・異常値〟は　リスクを告げる　天の声」

19
「リスク管理で必要なのは　〝テラー〟ではなく　〝マネージャー〟」

20「〝知識〟〝見識〟それよりも肝心なのは〝胆識〟だ！」

6 主な法務リスク関連

1
「内部統制　システム強化　〃金融商品取引法〃」

2
「責任追求　代表訴訟　忠実・善管　注意義務」

3
「〃個人情報保護法〃は　罰則　懲役六ヶ月」

4
「利用目的　同意と開示　〝個人情報保護基準〟」

5
「〝ＰＬ法〟　販社も訴訟の　被告席」

6
「〝建業法〟　資格基準は五〇〇万　契約前に　要確認！」

7
「罰則強化　〝独禁法〟！　気をつけようね　官公需」

8

「減免制度　課徴金　適用先着　三位まで」

9

「不実記載に　監視の眼　上場廃止　〃証取法〃」

10

「営業機密　保護強化　〃不正競争防止法〃」

11

「リコール隠し　取り締まり　〃道路運送車両法〃」

12
「迂回輸出は許さない！　キャッチオールの〝外為法〟」

13
「〝ソフトウェアライセンス〟無断コピーは　違法です」

14
「偽装請負　再々委託　二重派遣も　要注意！」

15
「サービス残業摘発は　ＰＣ履歴が　エビデンス」

16「飲酒事故　懲役最高二十年　飲ませたあなたは　共犯者」

17「環境保全　〃産廃法〃　トレサビリティー　大丈夫？」

18「重大事故の　報告義務化！　〃改正消費安全法〃」

19「〃下請法〃　イジメに厳しい　監視の眼」

企業リスクマネジメント標語・川柳 一一二選

解説編

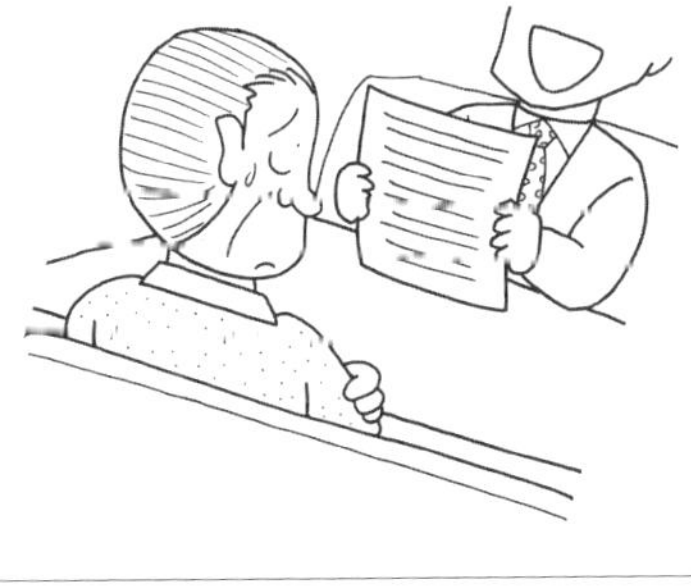

第1章　リスクマネジメント

企業リスクの地雷原
知らずに歩く
アホがいる

リスク管理の
手順踏んどいたら
地雷踏まずに
すんだのか〜〜くっ!!
ドカーン
ドカーン

1「経営は　リスク対処の　積み重ね」

人間には、病気・怪我・事故、詐欺・盗難・火事、倒産、リストラ、離婚、失恋などなど多種多様のリスクがあります。人間は生きている以上、そのようなリスクから逃れることはできません。人間にとっての最大リスクとはまさに「生きていること」です。言い換えれば人間にとってリスクがゼロになるということは「死の世界」であるともいえます。

ご承知の通り企業経営は「人・物・金・情報」といった四つの資源によって成り立っており、そして、それらの資源全てには、固有のリスクが存在しています。したがって企業経営には常にリスクはつきものであり、事業活動を続ける限りリスクをゼロにはできません。人間と同じく、企業にとって「リスクゼロ」とは事業を止めること。即ち「廃業・倒産」を意味します。企業経営とは、まさにリスクの存在を十分認識した上で、それをマネジメントしつついかに事業を運営し業績を上げるかです。即ち企業経営とは、まさに「日々のリスク対処の積み重ねである」と言えます。

２「企業リスクの特色は〝多様化・巨大化・複雑化〟」

企業におけるリスクの種類には、①法務リスク、②労務リスク、③財務リスク、④市場リスク、⑤政治・経済リスク、⑥技術革新リスク、⑦災害・事故リスクなど多岐にわたっています。バブル崩壊以降、企業を取り巻く環境は大きく変化しており、企業リスク要因も日々変化しています。例えば、市場のグローバル化、M＆A多発、国際会計基準導入、市場ニーズ多様化、新規法規制、規制緩和と罰則強化、インターネット普及と新型犯罪、賠償額の高騰、株主代表訴訟、モノ言う株主、従業員意識変化、労働力流動化、少子高齢化、原油価格、大規模事故、環境問題、CSR重視などです。

これら一つひとつが企業にとっては事業運営上の大きなリスク要因です。このように企業リスクは近年、ますます〝多様化・巨大化・複雑化〟しています。このような環境の中で企業においては、リスク発生防止に向けて、事業運営のプロセス毎の的確なリスク分析と具体的な対策実施、すなわち、コーポレートガバナンスにおける「リスクマネジメント体制強化」が現下の経営の重要課題の一つとなっています。これが二〇〇六年五月に施行された新会社法が企業に求める「内部統制システム」の構築です。

3「市場競争　三つのルール〝自由《フリー》・公正《フェア》・国際基準《グローバル》〟」

二十世紀と二十一世紀では市場や社会の企業を見る視点や企業評価の座標軸が、大きく変化しています。即ち二十世紀には、企業経営者の意識・判断・行動の背景には、所轄監督官庁による業界ごとのきめ細かな行政指導や慣行がありました。また、業界内部においては、官製談合事件に見られるような長い間に築かれた暗黙の業界ルールなどが存在し、それが事実上、企業活動を眼に見えない形で拘束していました。しかし、二十一世紀には、金融・資本・経済活動における急激な国際化の進展と相まって、国際市場からは日本に対して「公正なルール社会の実現」と「コーポレートガバナンス強化」がより強く求められています。

これを受けて、当時の小泉内閣では郵政民営化や経済特区新設に代表されるような、既存の枠組みを打ち破る規制緩和政策や新たな法制度の導入などが次々と進められてきました。企業活動で今、経営者に求められているのは、規制緩和による自由な市場競争とコンプライアンス重視並びにコーポレートガバナンスにおける国際基準に則った経営です。即ち、公正なルール社会での企業活動のキーワードは「フリー（自由・規制緩和）」・「フェア（公正競争）」・「グローバル（経営統治国際基準）」の三つであると言えます。

4「"時価主義・連結・キャッシュフロー" 会計基準　ビッグバン」

市場と金融のグローバル化の急速な進展とともに、今や、企業活動においては国籍を問わず、同じ「国際基準のルール」に従って行動することがより強く求められています。例えば、国際金融市場での資金調達では、その企業において会計処理が国際会計基準に則って公正に行われているかどうかが非常に重要な評価ポイントとなります。

さらに近年、企業の生き残りをかけての国際的な業務提携・買収・合併等が増えていますが、これら国際的なアライアンスを推進するための必須要件が「国際会計基準」に準拠した企業財務諸表の公開です。会計制度の国際標準化は「会計ビッグバン」と呼ばれ、日本の企業経営にとって大きなリスク要因となっています。「会計ビッグバン」のキーワードは①時価主義の徹底、②グループ連結基準の厳格化、③キャッシュフロー重視経営の三つです。「時価主義の徹底」は企業経営において「退職給付金会計」や「金融商品会計」などの新たな会計基準が導入され、さらに「含み損処理」についてもより厳格な処理基準となるために、企業にとっては一時的な損失リスクの発生要因となります。

さらに、従来日本企業の多くに見られた株式や土地などの「含み益依存型経営」も事実上、大変難しくなります。また、「グループ連結基準の厳格化」は、これまでの日本独特のグループ経営のあり方にも大きな影響を与えます。例えば、連結対象基準が従来の「株式五〇%超保有基準」から「実質支配力基準」となるために、一時的に親会社が連結対象外であった子会社に損失を付け替えるといった安易な利益操作等ができなくなります。さらに、「キャッシュフロー重視経営」の観点から、経営者は投資案件や子会社設立の審議において「採算性・健全性」についてより合理的な経営判断が要求されることになります。

5「企業リスクの地雷原　知らずに歩く　アホがいる」

イラン・イラクの地雷原の如く、企業におけるリスクは至るところに潜んでいます。たまたま運良く今日まで「リスクの地雷」を踏まなかっただけで、明日には自分、もしくは自分の部下がその地雷を踏むかもしれません。そのような認識のもとに、経営者・管理者は常に自部門におけるリスクを見抜く眼力と、リスク対処の基本姿勢や具体的方法などについて知識を高めておくことが必要です。

二〇〇六年五月に施行された会社法は、取締役会設置会社において「リスク管理体制・法令遵守体制の構築等」が取締役会の責任である旨を規定しています。リスク管理（危機管理）とは、日常の事業運営の中で、そこに潜むリスクを認識し、それが企業にとってどの位重要かを判断し、それを回避・分散・ヘッジまたはコントロールしていくことです。

事業運営を行う上で、リスクを完全になくすことは不可能です。まずは、企業内の各部門に内在する特有のリスクについての分析、いわゆる「リスク要因分析」を行うことがリスク管理（危機管理）の出発点と言えます。経営においてしっかりとした「リスク管理体制」を構築しないということは、地雷原を無防備で歩いたり、海図や羅針盤を持たずに荒海を航海する船と同じです。まさに、いつどこで地雷を踏んだり、船が嵐で難破したりするか知れません。

６「日本全国地震帯　見直せ　我が社のＢＣＭ＊」

ＢＣＭというのは、万一、そのリスクが発生した場合には企業存続上、致命傷となるような要因に対する事前対策という意味です。

統計的に見てみますと、これまで世界で発生したマグニチュード５以上の大地震の約二〇％が日本で発生しています。火山列島日本はまさに、地震大国でもあります。阪神淡路大地震、三百年ぶりに起こった福岡西方沖地震、能登半島地震などのように地震は日本全国、いつどこで発生しても不思議ではありません。地震に関する限りわが国では、「災害は忘れた頃にやって来る」ではなくて「災害は忘れなくとも必ずやって来る」という認識が必要です。

企業においては、例えば関東で直下型の大型地震が発生し、東京の本社機能やコンピュータシステムが完全に麻痺した場合の代替機能部署の検討や、バックアップシステムの見直し等、平時における十分な検討・準備・対策等が必要です。地震発生で想定される企業の被害としては、①社員・家族の被災等の人的被害、②建物・設備・製品等の物的被害、③生産・営業活動の停止・停滞等の機会損失などがあります。被害を最小限度に抑制するためにも、①定期的避難訓練実施、②予備電源装置の設置、③衛星通信等の非常時通信インフラの整備、④事務所における非常食・飲料水の備蓄などの対策を疎かにしてはいけません。

＊ＢＣＭ＝ビジネス・コンティニュー・マネジメント

7「〝コンプ・CS・ES〟は　経営力の　バロメータ」

経済のグローバル化、価値観の変化等によって、市場や社会における企業の評価尺度が大きく変化しています。さらに最近では多発する企業不祥事に関連して、企業経営におけるＣＳＲ（企業の社会的責任）が一段と重要視されてきています。今や企業にとって「コンプライアンス経営

（遵法経営）」は、企業運営上、守るべき最低基準となっています。

一方「プロダクトオリエンテッド」から「マーケットオリエンテッド」へと言われるように市場環境や顧客ニーズも大きく変化しています。今やお客さまが製品や企業を選ぶ時代であり、それだけにあらゆる企業において「CS向上」（お客様満足度であるCustomers Satisfactionの向上）が経営方針の大きな柱になっています。

「コンプライアンス経営」も「CS向上」も一人ひとりの社員の意識や行動に大きく左右されます。即ち、それを支えているのはまさに、社員の企業に対する愛着心であり、仕事に対する誇りや、責任感を表わす「ES」＝「Employee Satisfaction」、即ち「従業員満足度」です。まさに、〝コンプライアンス・CS・ES〟こそは、企業の維持存続のための必須要件であり、企業の経営力を計るバロメータであると言えます。

8「国際化　問われる企業のガバナンス　COSOが評価の　座標軸」

経済の国際化は同時に資本の国際化です。海外投資機関の投資動向は企業の株価に大きく影響します。わが国の上場企業における外国資本の割合はすでに約三割程度になっています。外国機関投資家の投資判断基準となっているのが、財務諸表内容と内部統制などのコーポレートガバナンスです。そして内部統制の評価の考え方のベースとなっているのが有名な「ＣＯＳＯレポート」です。「ＣＯＳＯレポート」は、一九九二年に米国で発表された内部統制の包括的枠組みについての報告書です。この報告書は、作成母体である「Committee Of Sponsoring Organization of the Tread way Commission」の名前を冠して「ＣＯＳＯレポート」と呼ばれています。

ＣＯＳＯによる内部統制は、「①業務の有効性と効率性、②適正な財務報告、③法令の遵守」の「三つの目的」と、内部統制の要素として、「①統制環境、②リスク評価と対応、③統制活動、④情報と伝達、⑤モニタリング」の「五つの要素」からなっています。なお、日本の金融商品取引法（日本版ＳＯＸ法）による内部統制基準は、ＣＯＳＯのフレームワークをベースに、日本独自の考え方として目的に「④資産の保全」を加え「四つの目的」とし、要素に「⑥ＩＴ（情報技術）の利用」を加えて「六つの要素」としています。

9「敵対買収防止策　〝事前の備え〟と　〝価値向上〟」

世界的な金余り傾向、企業競争の熾烈化、経済活動のグローバル化等によって、企業の敵対的買収リスクはますます大きくなっています。実際に最近では、国際的買収ファンドによるＭ＆Ａ

も年々増えており、世界M&A総額はここ数年史上最高額を更新しています。日本でも、ライブドア対フジテレビ、楽天対TBS、村上ファンド対阪神球団、王子製紙対北越製紙、ブルドックソース対米投資機関などの敵対買収が新聞紙上を賑わしましたが、海外資本による日本企業買収も近年、非常に増加しています。

このような状況を反映して、最近は万一に備えて上場企業では、安定株主比率の向上、非公開化、ポイズンピル条項の導入、役員定数の見直しなど様々な防衛策が検討・実施導入されています。二〇〇六年時点においては、上場企業の一八六社が何らかの敵対買収防衛策を導入済みというデータもあります。また、二〇〇〇年三月決算の株主総会で買収防止策を議案として提出した企業の数は、日本経済新聞の調べによると、対象企業の約一割にあたる二一〇社となっています。

企業防衛のためには敵対買収に対する事前の防衛策導入も必要ですが、一番大切なことは株主の経営陣に対する信頼をいかにして維持向上させるかということです。そのためには、経営者を先頭に全社が一丸となって企業業績を上げ、企業価値そのものを常に向上させていくことです。まずは、企業が所有している現在の資産評価総額に対し企業の時価総額（株価×発行済み株総数）をいかにしてより高めておくかが大変重要です。

10 「法化社会のキーワード　〝規制緩和〟と　〝罰則強化〟」

現在は〝法化社会の到来〟とも言われています。米国のエンロン・ワードコム事件を契機に二〇〇二年七月に制定された「米国企業改革法（ＳＯＸ法）」は、米国市場で経済活動を行う日本企業だけでなく、国内企業に対しても大きな影響を与えています。日本では、同法制定の目的である、「公正なルール社会の実現」と「コーポレートガバナンス強化」に向けて、二〇〇六年五月、企業における内部統制強化を義務づけした会社法が施行されました。

さらに、上場企業に二〇〇八年四月より本格的に適用される日本版ＳＯＸ法「金融商品取引法」では、①取引や業務の内容を記録・保存する「文書化」、②社内体制をチェックする「内部統制報告書」の作成、③公認会計士や監査法人による監査受査の義務づけなどの取り締まり強化が図られています。

その一方で、政府はこれまで監督官庁によって厳しく規制されてきた各種規制に対する「大幅緩和政策の導入」や、新会社法による「企業の機関設計の多様化・自由化」など経営自治・定款自治の拡大等と引き換えに、不祥事摘発を目的とした「公益通報者保護法」や談合における「課徴金減免制度」、さらに「不正競争防止法、独占禁止法、建築基準法」の改正などにより、違反企業に対する取締と罰則強化を図っています。法化社会のキーワードは、まさに〝規制緩和〟と〝罰則強化〟です。

11「〝攻め〟と〝守り〟のバランスが　強い企業を　作ります」

経営施策には、受注・売上など業績を伸ばすための〝攻めの施策〟と不測の企業リスクから企業を守るための〝守りの施策〟があります。企業の健全な発展のためには常に〝攻め〟と〝守り〟の二つの経営施策をいかにバランスよく推進していくかが重要です。

経営者の中には、最近の企業不祥事に見られるように、事業拡大・利益追求のみを第一に考え、自社の企業理念や、社会的存在意義、良き企業市民としての責任意識に欠ける行動に走るものもいます。企業の時価総額を高めることを経営施策の最重点において急成長し、一時は時代の寵児となった某IT企業経営者は、目先の事業拡大という〝攻め〟の施策に目を奪われ、内部統制の構築という〝守り〟の施策を疎かにしたために、思わぬ落とし穴に陥りあえなく失脚いたしました。

今はCSR経営やコンプライアンス重視が企業に強く求められている時代です。法務部門の強化、内部監査体制強化、CSR組織新設、地域貢献活動への積極参加、コンプライアンス教育の徹底、情報の積極的公開、省資源への取り組みなど、良き企業市民としての責任を果たすという〝守り〟の経営施策推進が企業にとってますます重要になっています。もちろん、守りの経営施策のみでは企業の発展はありませんが、経営者は企業価値をより高め強い企業基盤を構築するためには「攻め」の経営施策と同時に「守り」の経営施策が大切であることを決して忘れてはなりません。

12「モノ言う株主急増し　株主総会　様変わり」

メインバンク制度、株式の持ち合い等による安定株主や、総会屋の存在などによって、多くの企業の定時株主総会は、長期にわたり活発な討論もなく、いわゆる「しゃんしゃん総会」的な運営がなされてきました。しかし、最近の株主総会は大きく様変わりしています。近年の経済のグローバル化による外国資本の日本株式市場参入、株式市場の変化による株式持合い解消、個人投資家急増、財政難に陥った年金基金等の機関投資家などのいわゆる「モノ言う株主」の増加、さらに、海の家事件を契機とした当局の取締まり強化による企業の総会屋との決別などがその背景です。

最近の事例でも、某製鉄会社経営陣が株主総会で提案した「企業合併に関する議案」が投資機関を中心とした「モノ言う株主」の反対にあってあえなく否決されるというケースも出ています。環境の変化とともに企業も「株主総会」を、本来の目的である株主に対する説明責任を十分に果たすチャンスであるとして捉え、より積極的な姿勢で株主総会に対応するようになってきました。例えば、株主総会後に経営陣と株主との懇親会の開催や、総会時間も時間にとらわれず、十分に時間をかけて懇切丁寧に質疑応答を行う企業も増えています。

13「不祥事で　居並ぶ幹部の首が飛ぶ　役員保険も　急増中」

コンプライアンス違反など不祥事を起こした企業経営者・幹部に対する社会的責任の追及は、非常に厳しくなっています。監督官庁も不祥事企業に対する罰則強化を図るとともに、経営責任追及については一段と厳しい姿勢を打ち出しています。また、企業不祥事の事例も、「有価証券報告書不実記載、談合、裏金作り、違法献金、偽装表示、虚偽申告、データ改ざん、ミス隠し、重大事故、ＰＬ事故、システムトラブル」など、多種多様化しています。

これら不祥事企業の経営幹部に対しては、解任・辞任・減俸・降格等はもちろんのこと、刑事訴追、逮捕、実刑判決のケースも近年、急増しています。加えて、株主・地域住民による賠償訴訟件数も増加しており、損害賠償請求額も億単位の莫大な金額となっています。

賠償訴訟の被告となった役員が有罪となった場合の賠償金の負担は、各役員個人の負担となります。これらの状況を反映して保険会社ではリスクに備えての役員を対象とした様々な新規保険が用意されています。最近は、リスク対策の一環として、巨額の役員損害賠償保険へ加入するなど防衛策をとる企業も増えています。ある意味では今はまさに、会社役員にとっては「受難の時代」といえるのかも知れません。

14 「国際競争熾烈化し　業界再編　待ったなし」

経済のグローバル化が急速に進み市場における企業競争が一段と激化しています。これを受けて近年、市場での生き残りをかけて大型M＆Aや業界再編の動きが次々と発表されています。バブルの崩壊とともに政府主導で急速に進んだ金融再編や自動車業界における海外企業との資本提携などがその良い例です。また、最近の主なものでも、大丸と松坂屋の経営統合、アサヒビールとサッポロビールとの資本提携、王子製紙の北越製紙へのTOB、明星食品の日清食品傘下入り、阪神と阪急との会社統合など数多くあります。業界再編の傾向は、まさに世界的な流れであり、例えば鉄鋼業界でも、二〇〇六年に世界の一位と二位の企業が合併して「アルセロール・メタル」が誕生したことはまだ耳新しい出来事です。

今や市場は、食うか食われるかといった弱肉強食の時代です。このような動きの背景の一つには、巨大資金を抱えた世界的な投資ファンドの存在や、先進諸国の少子化に伴う人口減による購買力の減少問題があります。一方で、「利息制限法」の施行による直接金融企業の急激な業績の悪化に見られるように、新たな法規制の影響や、世界的な水産資源枯渇に伴う捕獲割り当て枠の削減などによる水産業界の経営統合、さらには、企業不祥事が原因による企業淘汰も進んでいます。厳しい市場競争の中で、業績を上げ、企業の社会的責任を果たし、企業不祥事を防ぎ、企業価値を高め、企業買収から企業を守り、雇用を維持するため、今こそ経営トップの手腕が大きく問われています。

15「リスク発生要因が　ビジネスチャンスと　なる時代」

システムの巨大化・複雑化、新種ウイルスによる情報流出増加、個人情報保護に関する規制強化、従業員意識の変化、情報漏洩事件の損害賠償の巨額化など、企業の情報管理やコンピュータシステム運営に関するリスクは年々厳しさを増しています。一方、現在は情報化時代といわれているようにコンピュータシステムの存在なくしての企業経営は考えられません。企業においては、「顧客情報や経営情報に対するセキュリティ対策強化」と「情報システムの安定稼働確保」が、企業運営上の重要課題となっています。

一方、システムの高度化・巨大化・複雑化が進むコンピュータ社会においては、ＩＴサービス企業はもとより、一般ユーザー企業においても自社やお客様からお預かりしている個人情報・機密情報に対する強固なセキュリティシステム、優れた内部統制システムの構築、高レベルのコンプライアンス体制が、市場における他社との差別化や新規の大きなビジネスを生み出す時代となっています。今は、リスクそのものが新しいビジネスチャンスを生み出していると言っても過言ではありません。例えば、「情報漏洩」、「有害食品」、「災害・犯罪」などのリスクから企業や個人を守るための「安心・安全」を売り物にする新しい商品や、サービスの登場などがそれです。

第2章　コンプライアンス

忠実な
〝企業人〟である前に
良識備えた〝社会人〟

ネクタイをしめる前にまずエ・リ・を正しでシャツを…
ピシッ
社会人
企業人

1「不祥事発生防止策　〝性悪説〟より　〝性弱説〟」

企業では、自社における不祥事発生防止に向けて、様々な規則制定や業務プロセスの見直し、教育の徹底、自己監査や監査チェックリストの改善など管理体制強化が行われていますが、企業にとって一番大切なのは、不祥事防止に対する基本的な考え方や姿勢です。多民族国家である米国の企業不祥事防止に向けての基本スタンスは、いわゆる、「性悪説」であると言われています。コンプライアンスをテーマとした講演会で、ある弁護士さんが「企業文化や、気質の異なる日本企業における不祥事発生防止策構築の基本スタンスは〝性悪説〟ではなく〝性弱説〟に立つべきである」と話されていました。「性悪説」は、「社員は厳しく監視をしていないと必ず悪いことをする」という社員を信用しないことを前提とする考え方です。コンプライアンスは人の意識や行動が大きく影響するものであり、これでは抜本的な解決策とはなりません。

「人間には百八つの煩悩があり、そもそも大変弱い生き物である」とお釈迦様もおっしゃっています。人はある環境や条件下に置かれると、つい魔がさして悪事を犯したり、ミスをしたり、大切なものを失くしたり、忘れたりしてしまうものです。お腹を空かせた子供の前に「これはお客様へ出すものだ」といって美味しそうな食べ物を放置し、子供が無断で食べたと叱るのは簡単です。重要なことは、経営者・管理者はこのような環境に大切な社員や部下を放置し、犯罪者にしたり、ミスを犯させたりさせないことです。企業はこれら人間の弱さを十分に認識した上で、適切な管理システムを構築すべきです。これが「性弱説」に立った不祥事防止策の考え方です。

２「罪重し　犯したことより　隠すこと」

企業におけるコンプライアンス管理で重要なことは、不祥事関係者への処分に対する基本的な考え方です。不祥事リスク要因が複雑化、多様化する中で、企業におけるリスクそのものをゼロにすることは不可能です。昨今の不祥事の事例で、マスコミをはじめ社会的に強く糾弾され一番厳しくその責任が問われるのは、そのほとんどのケースが不祥事を発生させたことよりも、不祥事発生を知った後の企業の故意にその事実を隠したり報告を遅らせたりした行為に対してです。

例えばわずか数日、会社規則に違反した期限切れ材料を使用したことが発覚し問題視されたＦ菓子メーカーの場合、それが原因での食中毒など具体的な被害は発生していませんでした。しかし、現実は菓子メーカーとしての食の安全に対する社会的責任と不祥事の事実を迅速に公表しなかったことが厳しく糾弾され、市場からのボイコットを受け営業停止処分と相まって急激な業績悪化により最終的には他企業に統合されるという結果になりました。関係者の処分に当たって留意すべきは、不祥事を知った後の対応の是非に対する責任をより強く咎めることが必要です。
今の時代は不祥事を発生させた者よりも、その事実を知りながら隠そうとした者をより厳しく処分する企業の姿勢が重要視されています。

3「機能強化の〝監査役〟！　〝閑査役〟ではありません」

監査役はこれまで、経営トップの意識、情報力や権限などの体制が弱いことや、本人の意識などの理由から、法が期待する本来の機能を十分に発揮することができませんでした。そのため、ややもすると役員卒業者に対するご褒美的な役職とみなされ〝監査役〟ではなく〝閑査役〟とも揶揄された時期もありました。ところが、社会情勢の変化とともにコーポレートガバナンス強化に向けての相次ぐ法改正により、監査役本来の「経営のお目付け役」としての任務遂行に向けて大幅な機能・権限強化が図られてきました。

具体的には、ここ数年の商法の大幅改正や、日本監査役協会の監査役監査基準の全面改訂、新会社法の制定などです。例えば、二〇〇四年二月に全面改訂された「監査役監査基準」においては監査役に大規模公開会社を対象とする内部統制の監査を義務づけしました。監査においてはいわゆる「経営判断の原則」に則った監査役監査の実施を通じて、経営者のコーポレートガバナンスにおける監視強化を義務づけ、さらに監査役自身の機能と権限の強化を求めています。具体的には株主代表訴訟における監査役の役割と責任の明確化や、監査役人事に対する監査役会の承認などです。一方、企業不祥事においては、取締役だけではなく監査役の監視責任に対する役割と責任追及も大変厳しくなっています。

4「企業監査の二本の柱〝財務〟と〝内部統制〟です」

会社法は、企業の監査について、財務に関する監査である〝会計監査〟と〝内部統制の監査〟を義務づけています。即ち、会計監査人には、会計監査を割り当て、内部統制に関する監査は監査役に委ねています。したがって、内部統制に関して会計監査人の行う監査は、「財務報告に関わる内部統制の監査」、即ち財務報告の信頼性を確保するために必要な範囲での内部統制です。これに対し、監査役の行う内部統制監査は、対象がもっと広範囲で「企業の効率的且つ適正な運営全般」に関わる監査内容となっています。

日本監査役協会では、商法等の改正、新会社法施行、日本版ＳＯＸ法制定の動きに対応して二〇〇四年二月に「監査役監査基準」の改定を行いました。そして「良質な企業統治体制の確立と運用」を監査役の基本的な監査視点とすることを明示しました。

今回の改定の主なポイントは、「①取締役会その他における意思決定での十分な情報収集と、適切な意思決定過程による合理的決定の監視、②会社の規模・事業内容に則した適正な内部統制システムの整備状況の監視・検証、③監査役監査環境整備の具体的基準の明示、④監査役会・議長・社外監査役等の機能強化、④会計監査人の独立性監視と必要かつ適切な財務報告体制の構築・運用の監視・検証、⑤取締役の責任減免・代表訴訟における監査役の役割明示、⑥監査役の監査報告・開示、株主への説明責任についての規定化などです」（日本監査役協会資料より）。

5「監査して　監査もされます　監査人」

K化粧品会社による粉飾決算事件では、その事件の裏にある、当該企業の財務諸表の正当性・適法性を監査するT監査法人とK化粧品会社幹部との癒着の存在が明らかにされました。そのために、この事件は二〇〇二年の米国SOX法制定の原因となったエンロン事件、ワードコム事件の日本版として新聞等でも大々的に取り上げられ、監査法人の社会的信用を大きく失墜させる社会的問題にまで発展しました。

これを受けて当局は二〇〇四年以降、監査法人に対する法律面・制度面での様々な監視体制強化を図ってきました。具体的には、監査法人認可の登録制の導入、罰則規定としての「業務改善命令勧告」の追加、さらに「監査審査会」の新設等です。二〇〇四年の「改正公認会計士法」では、企業との癒着防止を狙いとして、大規模監査法人の監査責任者が同一企業を継続して監査できる期間を「七年超え禁止」としました。

また、監査法人による監査の公平性・信頼性を保つために、監査法人に対し監査人の監査内容について適宜、内部監査を行うことが義務づけられています。さらに金融庁が二〇〇八年から施行を予定している公認会計士法改正案では、①会計士の監査先のグループ企業への再就職の原則禁止、②同一企業の同一監査人による継続監査期間の五年への短縮、③違反企業への行政処分などが盛り込まれています。

6「〝談合・裏金・天下り〟慣行許さぬ　社会の眼」

日本全国で膨大な公共工事が次々と発注された高度経済成長時代には、発注官庁の処理能力不足、地元中小企業保護、地域振興、建築技術の高度化への対応などを理由として、永年にわたり発注官庁と建設業界との阿吽の呼吸の中で、いわゆる「官製談合」が行われてきました。また、硬直化した予算に対する抜け道としての組織ぐるみによる「裏金作り」、あるいは官製談合の見返りとしての「天下り」、政治家の口利きに対する「選挙支援と献金」などは悪いことではありますが、時代の要請に対する必要悪として機能してきたとも言えます。

しかし高度成長時代から低成長時代への移行に伴い、国や地方自治体の財政事情悪化・逼迫化によって、近年、公共工事の非効率化、天下りの特権化、不透明な資金の流れなど「談合・裏金・天下り」の弊害が顕著化し、これら「悪習・慣行」に対して国民から厳しい糾弾・監視の眼が注がれるようになってきました。これを受けて公正取引委員会・検察庁・国税庁は、政府機関・地方自治体に対して厳しい摘発取締りを行っています。

最近の事例では、道路公団や、福島県、宮崎県、和歌山県トップによる談合事件、岐阜県や多くの警察署、経産省、法務局、労働局などの主要政府機関などで伝統的に続けられてきた裏金作り、農水省傘下の独立行政法人「緑資源機構」の業者へOBの順送り天下りによる「官製談合」など、取り締まり当局による徹底した摘発が挙げられます。今や、企業環境も大きく変化し、善悪の判断の座標軸が大きく変化する中で、企業行動における従来の慣行の見直しや、意識改革が強く求められています。

7「世の中の　企業評価のポイントは　〝CSR重視〟です」

企業評価の視点が大きく変化し、「遵法経営」は、今や、企業存続の最低条件となっています。

現在の企業行動に対する評価は、「法律論」より「道徳・倫理・社会的責任」といった視点が求められています。言い換えれば、従来の「株主・従業員中心の経営」から、「全てのステークホルダーを意識した経営」即ち、ＣＳＲ（企業の社会的責任）重視の経営です。

最近の報道によると、米ＩＢＭやソニーなどではＣＳＲ調達における「法令遵守の世界基準」として電機・ＩＴ部品調達において取引先企業に対し、環境対策や法令遵守など四〇項目に及ぶ取り組みを申告させるという動きも出ています。また、環境問題に絡む不祥事例では、「土壌汚染隠し、工場排水・煤煙データ等改ざん問題、原子力発電所点検データ改ざん」などが、地域住民・購買者・消費者から厳しく指摘糾弾されています。

これからの企業活動は、単なる業績評価のみならず「内部統制・社会貢献・騒音、公害、廃棄物処理等の環境問題・省資源・情報開示・製品安全・品質保証・雇用責任」への取り組みも重要視されています。最近は、「ＣＳＲ」を組織的に推進する専門部署を新設する企業も増えています。今は、投資機関からも、その企業が「良き企業市民」として社会的責任を十分に果たしているか否かの観点から、企業の経営方針・事業活動の内容が厳しくチェックされる時代となっています。

8「忠実な〝企業人〟である前に　良識備えた〝社会人〟」

多数の死傷者を出した列車脱線転覆事故で、たまたまその列車に同乗していた社員が上司の指示に従って、被災者の救助活動をせずに現場を離れ職場に向かったことがマスコミ報道で大きく取り上げられました。その後、当該社員の行動の是非について週刊誌等で非難され社会的な問題にもなりました。この事件は、企業人として「組織命令」と人間としての「常識・良心」との板ばさみになった時に、「企業人として果たしてどのような行動をとるべきか？」が重く問われたケースです。

同じようなことが、コンプライアンスに絡む事例でも発生します。例えば、談合問題に関係した社員の場合、社員自身は法に触れる行為であるということは充分に認識しているはずです。しかし当該社員としては、会社のため、自部門業績のためという理由等で、やむなく組織方針や上司の指示に従っているケースがほとんどです。忠実な企業人として行動するか、良識ある社会人として自分の良心に従って行動するか迫られることになります。何れにしても企業におけるコンプライアンス違反は、最終的には企業の存立そのものを揺るがすほどの高い代償が求められます。まさにコンプライアンスは、企業トップの姿勢と社員の良識・見識にかかっているといえます。

9 「ビジネス環境・新法規　変化に規則が　追いつかず」

昨今の企業を取り巻く環境の急激な変化によって、従来の市場戦略、ビジネスモデル、ビジネス常識や、コーポレートガバナンス体制、会社規則、業務マニュアル等の改正・整備・見直しなどに関して、これらの変化に追いついてない企業が増えています。その結果、思わぬコンプライアンス違反の不祥事が発生したり、現場での実際の業務プロセスと規則・基準とに大きなズレが生じ「規則・マニュアルの不遵守・無視」といった行為が慢性的に行われるなど、企業の存立を脅かすリスク発生の要因が増大しています。例えば、期限切れ材料を使用して問題となった菓子メーカーや、定められた点検を先送りにして重大事故を発生させた電力会社、遊園地などがそれです。

企業経営においては、ビジネス環境、ビジネスモデルの変化、あるいは新たな法律や規制に即した管理体制を構築するとともに、規則・基準についても変化に即応して改定・改善を行うことが必要です。しかしせっかく規則を整備制定しても、それが果たして実務においてキナンと守られているかどうかが大変重要です。管理者は現行の規則やマニュアルが現場の実態にマッチしているかどうか、ルールそのものが職場ごとにダブルスタンダードになっていないかの視点での職場管理が必要です。

10「かつての成功体験が　リスク見る目を　曇らせる」

新たな法規制、内部告発、従業員意識の変化等、管理者自身のこれまでの知識、常識、経験、勘だけでは対処できないことが原因による企業不祥事が多発しています。言い換えれば、長い経験の中で培われてきた常識が、激しい環境の変化の中で通用しなくなっているということです。ベテランといわれる管理者ほど、従来の固定観念や過去の成功体験が「メンタルロック」となって、リスクに対しとかく保守的思考になりがちです。それが、管理者自身の「職場に潜むリスクの変化を見抜く眼力」や「それを肌で感じ取るセンシビリティ」そのものを曇らせる要因となっています。

今は、ベテランの常識が非常識となる時代です。その結果、過去の成功体験にこだわり、リスク面でも思わぬ落とし穴に陥りやすく、例えば、同じ業界や企業で次々と発生する談合事件などはその典型的な事例です。世界の超一流企業、トヨタのトップであった奥田氏は社内に対し、「トヨタにとって最大のリスクは変わらないことだ」と述べています。業績に奢ることなく、トップ自らが常に危機感を持ち、変化に対する改革努力を怠らないところがトヨタの凄さであり強さであると言えます。変化の激しい時代には、「安定した企業ほど不安定な企業」と言えるのかもしれません。

11「座標軸　変れど変らぬ　〝粘土層〟貴方はなって　いませんか？」

数年前、アメリカのビジネス書で『チーズはどこへ消えた？』（スペンサー・ジョンソン著、門田美鈴訳、扶桑社）という本が大ヒットとなり、ＩＢＭなどの大企業で管理者研修用教科書として広く使われたことがあります。急激な環境変化に対する姿勢と行動の重要性をテーマとした本で、二匹のネズミと二人の小人を主人公とした寓話です。

話のポイントは、ある日、永年にわたりいつもチーズが置いてあった場所から突然にチーズが消えるという事件が発生し、これに対する四者の特色ある行動です。他の三者はそれぞれの判断に基づき、直ちに行動を開始したのに対し、一人の小人だけは、わが身に起こった事態の理不尽さと不遇さをひたすら嘆くだけで最後まで最初にあったチーズにこだわり続け、その場所から動こうとしないという話です。ここで言う「チーズ」とは、従来からの「仕事のやり方」や「発想・思考」です。そしてその場所から動こうとはしない「小人」とは「変化を恐れ行動を起こさない人」や「過去の成功体験や考え方に固執する人」です。

現在は、事業構造の変化とともに、経営戦略や経営判断の座標軸そのものが急速かつ大きく変化しています。企業にとっては、これらの変化に迅速に対応し「経営改革・事業構造改革」を断行することが、規模の大小を問わず最大の経営課題となっています。しかし急激にパラダイムシフトが進んでいる現在は、従来までのビジネスモデル・成功体験・ノウハウがむしろ、断行すべき企業改革の大きな阻害要因となる時代とも言えます。個人における意識・行動改革についても同様です。「粘土」は上からも下からも空気も水も通しません。果たして自分自身が組織の中において環境の変化に鈍感となり、企業改革を阻害する「粘土層」になってはいないかどうか、あるいは、自分自身の常識やこれまでの判断基準が時代の座標軸とずれてはいないかどうか、常に自問自答する謙虚さが必要です。

12「知らなかった　では済まされぬ法規制　コンプ違反は　命取り！」

企業における経営課題としてリスク管理強化が求められている要因の一つには、社会環境やビジネス環境の変化に伴い、新たな法規制や法律・法令の改正が目白押しに行われていることが挙げられます。例えば、二〇〇四年以降に制定・施行された電子コンテンツの管理や不正防止に関連した法律には、個人情報保護法、不正アクセス禁止法、電子署名法、電子帳簿保存法、改定特定メール法、電子文書法、電子契約法、ＩＴ書面一括法など数多くあります。また、ここ数年に、企業の存続に重要な影響を与えるような新しく制定・改正された法律・法令等は、改正不正競争防止法、改正独占禁止法、公益通報者保護法、改正建設業法、会社法、金融商品取引法、改正消費生活用品安全法など枚挙に暇がありません。

現代は「法化社会の時代」と言われるように法規制の面では、「規制緩和による自由競争」と引き換えに「法律違反に対する罰則強化」が進んでいます。企業活動への監視が強まる中で「法律を知らなかった」という言い訳は通用しません。企業にとってコンプライアンス違反は、企業の存続を左右する経営上の大きな問題となっています。法務リスクから企業を守るためには、事業運営に関わる法律の制定・改廃の動向に十分注意するとともに、法務部門の強化、顧問弁護士との緊密な連携、管理者教育の充実などの積極的な対応が求められています。

13「損得が　善悪よりも優先し　あとで大きな〝ツケ〟となる」

不祥事発生の要因の一つに、現場における「危機意識の欠如」が挙げられます。政府官公庁、地方自治体、警察等において飲食費・交際費・捜査費捻出のために長年にわたり組織ぐるみで続けられてきた裏金つくり、ダイヤ遵守のために速度違反による運行を現場の管理職が見て見ぬふりをしていた鉄道会社、天下りポストを確保するための官製談合、売上減をおそれての欠陥隠しや事故公表や対策の遅れ、総会屋に対する利益供与、サービス残業の常態化などがそのケースです。これらは「善悪」より自部門の「損得」を優先したために起こった不祥事です。

最大の原因は、該当者の「危機意識の欠如」にあります。「長年やっていて問題が生じなかった」「この業界はどこでもやっている」「たとえ発覚しても大きなことにはならないだろう」「絶対にばれないだろう」このような考えが心をよぎったときが要注意です。その結果は、企業の存続を危うくするような巨大なツケとなって必ず後から企業や個人に跳ね返ってきます。社員に対しコンプライアンス意識を徹底させるためには、トップ自らが座標軸の変化を強く認識し、「損得より善悪」を重視するという基本的方針を明確に打ち出し、それが企業文化や組織としての価値観となるまで、辛抱強く何度も繰り返し教育することが大切です。

14「誤った　達成意識が暴走し　〝不正の温床〟作り出す」

時価総額を引き上げるために不正な利益操作をしたＩＴ企業、保険料の納付率の向上のために徴収対象の分母を減らしたお役所、売上拡大のために融資先に商品購入を強制した銀行、整備コスト削減が原因でトラブルが続いた航空会社、不適切な保険金不払いが明るみに出た保険会社、貸付金回収のために違法な取り立てを行った直接金融会社など、情報開示、安全第一、信頼重視、安心提供といったその企業に課せられた本来的な目的や、社会的責任をおろそかにしたために発生した企業不祥事が増えています。これらはいずれも現場における過度の誤った目標達成意識がその原因であるといえます。

このような場合は、「目標を達成」や「組織を守る」との口実で、あえて管理者がこれを黙認したり、さらに管理者の自己保身意識から、不正や違反行為が判明した後でも自部門だけで処理したり、事実を隠そうとするために、状況を一段と悪化させ結果的には最悪の事態を引き起こすことになりがちです。

例えば、「日勤教育」などの厳しい処罰を嫌って「安全運行」よりも「定時定刻運行」を最優先にしたために、日常的にスピード違反運転が行われ、列車脱線転覆という大惨事を引き起こした某鉄道会社の事例などはまさにその一例と言えます。このように組織の〝誤った目標達成意識〟が違法行為、不正行為を引き起こす要因となることを経営者、管理者は十分認識し、日常の職場管理において〝基本と正道〟、〝損得より善悪〟の重要性を繰り返し繰り返し指導・教育することが必要です。

15 「企業不祥事　二つのタイプ〝害虫タイプ〟と〝カビタイプ〟」

企業不祥事には、大きく分けると「害虫タイプ」と「カビタイプ」の二種類に分けられます。前者はいわゆる「個人型不祥事」であり、後者は「環境型不祥事」です。個人型不祥事の場合は、殺虫剤で害虫を駆除するように、行為者である個人本人を懲戒解雇等で処分すれば、リスクは完全に除去することができて再発防止が可能です。しかし厄介なのは後者の場合です。不祥事の発生原因が、その企業独特の風土や職場環境による場合が多いからです。

例えばカビは一旦、雑巾などでふき取っても、カビが好む湿気や温度等の環境が改善されない限り自然と繰り返して発生します。たび重なる談合不祥事に対して業界を挙げて「脱談合体質！」を誓ったにも関わらず何度も繰り返される官製談合や、内部告発で事実が発覚し、トップ自ら先頭に立って再発防止対策を講じた後も、次々と発覚したM自動車会社のリコール隠し事件などがその例です。

「環境型不祥事」の再発防止を徹底するためには、トップ自らが組織を上げて不祥事発生要因の徹底解明と責任所在の明確化を図るとともに、法令順守意識の徹底に向けての業務プロセスの見直しやルールの改善など、不祥事発生要因そのものを根底から取り除くこと。即ち、不祥事再発防止に向けての業界ルール・企業文化・職場風土・業務プロセスの抜本的な改革が必要です。

16「仕事・信用・家族も夢も　全てを奪う　破廉恥罪」

痴漢、セクハラ、強制わいせつ行為など、個人の破廉恥行為による不祥事件が連日の如く報道されています。近年、新聞紙上を騒がした事件でも、代議士の飲酒による路上痴漢事件、大学教授のデジカメ盗撮事件、警察官の被疑者への強制わいせつ事件、公務員幹部の通勤電車内での痴漢事件、地裁執行官や検事の同僚へのセクハラ事件、農協幹部による女子社員へのセクハラ事件、教師の児童への強制わいせつ事件などなど枚挙に暇がありません。

行為者自身は事件発覚とともに社会からの厳しい糾弾と信用失墜に加え、場合によっては懲役・禁固・罰金などの刑事罰、さらにＴＶ・新聞報道により企業の信用を失墜させたとして就業規則に基づく懲戒免職・諭旨解雇処分や辞任など厳しい社会的制裁を受けることになります。破廉恥行為の結果は単に行為者個人だけに止まらずその家族に与える影響も大きく、家庭崩壊に陥るケースも増えています。

いわゆる〝破廉恥罪〟はまさに、個人の仕事・信用だけではなく家族を含めて全ての夢を奪う行為です。二〇〇七年四月一日施行の改正男女雇用機会均等法ではセクハラ対策規定が強化されました。具体的にはセクハラ行為を就業規則において懲戒事由として規定することや、企業内にセクハラ相談の窓口設置などです。さらに行政の是正勧告に応じない場合には、企業名を公表するなど企業への処分も厳しくなっています。

17「契約が　訴訟リスクを左右する　プロの視点で　再チェック」

経営活動のグローバル化の進展とともに、海外企業との合弁事業や、海外への投資活動が増えています。企業として十分注意すべきは、その場合の相手先との具体的な契約条項です。商慣習や、商取引に関する法律はまさに国ごとに多種多様です。日本の法律感覚がそのまま外国企業に通用することはきわめて稀です。さらに海外ビジネスには政治・経済不安はつきもので、特に社会主義国におけるビジネスにより慎重な取り組みが必要です。

国内市場の伸びが期待されない中で、企業として海外における事業活動強化は避けて通れません。事業の海外展開にあたってはその国の法律に詳しい専門家を交えての十分な事前検討が必要です。特に契約内容についての入念なチェックは、リスクマネジメントの観点からも必須の事項です。相手先との詰めの甘い契約で一方的な損害賠償を要求された、契約を突然に破棄されて巨額の損害を蒙った事例は数多くあります。「もちは餅屋」ということを疎かにしてはいけません。

18「不祥事を　進んで公表しないのは　〝隠匿ですよ〟　ご用心」

企業の社会的責任として事故や不祥事を含めた企業の積極的情報公開について、最近特に厳しい対応が求められています。また、P社製湯沸かし器のCO中毒事故では、会社が十数年前から事故の事実を把握しながら消費者の危険性を十分周知させなかったことに対し、社会からその責任が厳しく糾弾されました。現在係争中の肉マン販売をめぐるD社の株主代表訴訟では、企業経営者に対する大変厳しい判決がなされ社会的な注目を集めています。事件は食品衛生法六条で使用することが許されていない添加物入りの肉まんの販売をめぐる問題で、供給元から商品を受け取るにあたり、①役員が受け入れ検査を行うべき善管注意義務があったにも関わらずこれを怠ったこと、②食品衛生法に違反することを認識しながら販売継続の決定を行い、結果的に会社に加盟店への営業補償などの支払いを余儀なくさせたことへの責任が問われたものです。

二〇〇五年二月の大阪地裁一審判決では監督責任としての善管注意義務違反・忠実義務違反を認めて元担当役員二名に対し賠償金として請求全額の一〇六億二四〇〇百万円を会社に支払うよ

うに命じました。ところが二〇〇六年六月の大阪高裁の二審判決では、不祥事を防げなかった「監督責任」ではなく、不祥事発生後の役員の「対応上の過失責任」を厳しく認定し、監査役を含む役員一一人全員に総額約五億五〇〇〇万円を会社に支払うように命じました。高裁判決では、対応上の過失責任として、①事実を知った後、速やかに信用失墜を最小限度に止めるための適切な対応を怠った。②事実を積極的に公表しなかったのは消極的な隠蔽行為にあたるとしています。即ち、判決では取締役に対しては事実の積極的開示をしなかった責任を追及するとともに、監査役に対しても取締役に対する監視責任を怠ったとしてその責任を強く求めています。

19「脱談合！　企業の誓い何処へやら　風土改革　道遠し」

司直による談合組織への相次ぐ摘発攻勢と、市場からの厳しい批判に抗しきれず、二〇〇五年末、大手ゼネコン各社は揃って「談合決別宣言」を発表しました。しかし、その後も名古屋市発注の地下鉄工事に関わる談合疑惑等に見られるが如く、手を変え品を変え悪質な談合事件は後を絶たないというのが実態です。このことは、企業のトップ自らが先頭に立ち、業界への信頼回復と企業の社会的責任や法の遵守を訴え、ルールを改め、いかに厳しく教育・指導しても、永年にわたり業界を支配し組織に染み込んだ意識・行動・体質の抜本的改革が、どんなに難しいかということを如実に物語っています。

基本は、いかにしてトップから組織の末端の担当者までに「基本と正道」に基づく遵法意識・行動を徹底させるかということです。そのために必要なことは、「一罰百戒」という言葉がありますが、談合行為者に対して企業としての厳しい処分の断行です。たとえ本人がその行為を会社のためや、業績の確保、お客様との関係重視のために行ったとしても決して許してはなりません。そしてそのことを企業のトップ自らはっきりと宣言し、具体的な事例でその姿勢を示すことです。企業におけるコンプライアンスの徹底は、まさに、「社員一人一人の意識改革・行動改革」しかないということに尽きます。

第3章　クライシスマネジメント

リスク管理の優劣は
〝想定内〟か
〝想定外〟

想定内か想定外かなんて認識外!!
それは問題外!!

1 「リスク発生その時は　まずは〝リ対〟へ　第一報」

リスク対処で一番大事なことは、リスクが発生した場合の「迅速な初期対応」です。まずは、リスク発生と同時にできるだけ早く、その事実を上司経由リスク対策室（リ対）に報告することです。これによって会社としての組織的かつ適切・迅速な対応が可能となります。

企業不祥事の多発化に伴い、金融庁や東京証券取引所は企業不祥事に関する監視を一段と強化しています。金融庁は銀行・証券などの金融機関で顧客の個人情報などの漏洩事件が発生した場合や、漏洩の可能性のある事実が判明した場合には、金融庁への迅速なる届出・報告と事実の公表を厳しく義務づけています。

最近の事例では、不祥事の発生そのものよりも、監督官庁への報告や事実の公表遅れに対する企業責任の方が厳しく問われるケースが増えています。それだけに顧客情報の漏洩等が発生した場合には、直ちに被害や影響を受ける可能性のあるお客様などへ事実の報告を行うとともに、お客様と一体となっての迅速な事後対応が必要です。

2「個人力より組織力！　活かす企業の　ホットライン」

お客様からお預かりした個人情報の入ったＰＣ・情報媒体・書類等が不注意や管理ミスで所在不明になった場合、企業としてやるべき対応プロセスは次のようなものがあります。①対策本部の設置とメンバーの選定、②発生経緯と事実解明並びに原因分析作業、③当該情報機器・情報媒体の徹底捜索、④盗難・紛失・廃棄の可能性の絞り込み、⑤情報漏洩の影響度・重要性検証、⑥セキュリティ対策レベル分析と漏洩可能性の検証、⑦監督官庁・警察等届出要否の検討、⑧メディア公表の要否決定とＱ＆Ａ作成、⑨影響・被害のある方へのお詫び状の発送、⑩新聞・メディア等へのお詫び広告の要否検討、⑪顧客・マスコミ・従業員等への問い合わせ対応体制の確立などです。

しかもこれらのプロセスを迅速に行うことが重要であり、個人の力ではとても的確な対応は不可能です。発生したリスクによる影響・被害を最小限度に抑えるには、企業としての組織的対応が必要であり、社内専門部署・弁護士等の英知・ノウハウをいかに活用するかが重要です。それを有効に活用するためのツールが、企業のコンプライアンスに関する「ホットライン」です。また、最近は、情報漏洩などの不祥事に対して、不祥事を発生させたことよりも、その後の報告の遅れや対応が組織的でないことを強く責められる傾向にありますので注意が必要です。

3「対処のベストポリシーは〝正直・迅速〟対応です」

不祥事を起こした企業において、事実の公表が遅れたり、後になって隠していた事実が内部告発等により次々に暴露され、企業の信用が失墜するようなケースが多く見られます。最悪の場合、市場から淘汰されるようなケースもあります。鳥インフルエンザ発生の事実を隠し官庁への届出を怠った畜産会社、輸入牛肉を国産牛肉と虚偽申告して国からの補助金を不正に受領した食品会社、耐震強度不足を知りながらそれを隠し工事代金を騙し取った建築会社等がその例です。

「正直・迅速対応」こそ、リスク発生時の対処の基本であると言えます。リスクが発生した場合は、リスク発生と同時に直ちに、対策本部を設置し、対応においては、①正直・迅速対応を旨とし、安易な弁解・憶測・曖昧・はぐらかし的発言は絶対に避けること、②問題解決に誠意を持って対処することを約束し、企業として責任あるメッセージを発信し続けること、③責任回避の印象を避けるためにも、必要に応じて適時に責任を取る姿勢を明確にすること、④安易に代理任せにせず、トップ自身が現状を正しく認識・理解して自らメッセージ表明すること、⑤影響や被害を蒙る対象者に対する問題解決に向けてのプラン・企業努力の説明と、会社としての被害者に対する配慮と誠意を表明すること、⑥社員への事実の周知と問題解決まで目立った行為・言動等を自粛させることです。

４「初期対応の良し悪しが〝天国・地獄〟の分かれ道」

企業経営はまさにリスクマネジメントそのものであり、人がやる以上、リスクや企業不祥事をゼロにすることは不可能です。問題は、コンプライアンス違反や、製品欠陥事故や、会計不祥事などの事実が判明したときの企業としての初期対応です。最近の事例でも、リスク発生後の初期対応においてその対応を誤ったために被害が過大に伝わったり、事実に関して思わぬ誤解を受けたり、不祥事が企業ぐるみの行為とみなされたり、さらには対応に対する企業の誠意や姿勢が疑われたりする事例が多くあります。

例えば某自動車メーカーのリコール隠し事件では、記者会見での会社調査結果の事実公表と企業を挙げての再発防止対策を誓ったにも関わらず、続いて新たに同様のリコール隠しが発覚したり、さらにグループ会社においてもリコール隠しの事実が発覚し、企業グループを含めて製品に対する信用失墜となり、急激な業績低下に加えマスコミ等からは不祥事に対する企業の姿勢・危機意識欠如が糾弾され、株価も大暴落する厳しい結果となりました。

徹底した調査に基づく事実解明不足や、初期対応のまずさからくる企業に対する不信感などが、このような結果をもたらしたものと思われます。さらに最近各メーカーで次々と発覚し、社会から厳しい糾弾を受けている瞬間湯沸器やストーブのCO中毒による死亡事故も、同様に初期対応時の情報連絡・報告・対策等のまずさが原因と思われます。

5「リスク発生　記者会見　判る企業の　危機意識」

不祥事を起こした企業幹部の記者会見やインタビュー等で目立つのは、企業トップの質疑応答などマスメディアへの対応力の差です。企業経営においては、どんなに注意をしていてもリスク発生をゼロにすることは不可能です。リスク発生時の対処（クライシスマネジメント）で一番重要なのは、リスクによって企業が蒙るであろう被害や、その後の被害拡大をいかにして、迅速にかつ最小限に抑えるかということです。中でも特に気をつけなければいけないのは、リスク発生直後の記者会見です。

列車脱線転覆死傷事故の原因がまだはっきりしない段階で、「置石が原因かもしれないという情報もある」といった不用意な発言によって顰蹙を買った鉄道会社や、エレベータ死亡事故で、「自社製品の品質は優秀であり、保守に問題があった」旨の発言や、瞬間湯沸し器によるCO中毒死亡事故で、「製品に欠陥はなかった。改造を前提に設計はしていない」旨の責任回避的発言や偽装牛肉ミンチ事件での「業界全体にも問題がある。安いものをただ求めようとする消費者も悪い」といった発言で、永年、築き上げてきた当該企業への信用・信頼を一瞬にして失墜させたり、市場からの撤退を余儀なくされた製造会社等の多くの事例があります。企業トップの記者会見でその企業の危機管理意識レベルがわかるといっても過言ではありません。

6 「責任転嫁　言い逃れ　厳しく糾弾　記者会見」

連日の如く企業不祥事がテレビや新聞等で報道されていますが、企業トップの記者会見も様々です。身近に見る大企業トップの記者会見の姿に一般視聴者は興味津々ですが、中には事前の準備や調査が泥縄式で質問に対するやり取りも責任転嫁と言い逃れに終始するケースも多く、あまりのお粗末な対応に「これが大企業のトップなのか」と眼を疑うようなシーンも多くあります。

不祥事の記者会見で一番重要なことは安易な弁解や、憶測発言、責任逃れの答弁は厳に慎むことです。そして不祥事に伴う問題の解決に向かって、企業としての責任あるメッセージを積極的に発信し、いかに企業が誠意をもって真剣に問題解決に取り組んでいるかを視聴者にアピールするかです。不祥事のケースによっては、迅速にトップとして責任を取る姿勢を明確にすることも必要です。さらに、問題解決に向けての企業の行動プランを用意し、マスコミや大衆に最新情報をアピールし続けることが企業への信頼を高める唯一の道です。トップによる記者会見は避けるのではなく、むしろ企業としての誠実な取組みや真摯な姿勢をマスコミを通して世の中に正しく理解してもらうための良い機会と捉え、積極的に対応することが重要です。

7「不祥事に　対する厳しい世間の眼　〝イベント・言動〟　気をつけて」

最近の不祥事に対するマスコミ報道は、事件・事故の内容報道のみに止まらず、不祥事発生時における当該企業社員の〝不適切な行動〟を暴き出し、企業体質の問題として社会的に糾弾する傾向にあります。某鉄道会社で起こった列車脱線転覆死傷事故のケースでも、事故発生当日以降の当該企業社員の不適切な行動について詳細に報道されました。具体的には、「不適切な行事や軽はずみ言動、自粛を二日後」という見出しで、海外・宴会旅行、ゴルフコンペなど職場単位での不適切なリクリエーションの件数と参加した社員および関連会社社員数について、支社別・事由別の状況までが記事となりました。

企業において不祥事や重大事故が発生した場合は、迅速に、社員に対して不祥事発生事実を周知徹底させるとともに、不祥事・事故の内容に応じて社員の行動やイベント自粛等の通達・注意喚起が必要となります。一方、ある企業では、新聞報道の可能性のある不祥事が発生と同時に直ちに危機管理室長より全管理者に対して、不祥事の概要と、社員による目立った行動やイベント等の自粛を促すメールを発信したというケースもあります。これらはまさに企業における「リスク発生時の対処力の差」とも言えます。

8「人がやる　リスクは必ず発生す　この認識が　重要だ！」

コンプライアンスについて厳しく指導教育したり、リスク発生防止に向けて、規則・手順書・マニュアルの整備、管理者教育等を熱心に行う企業は多くあります。ところが、比較的に多くの企業で軽んじられたり、不足しているのが「リスク発生時の対処」についての教育・指導です。

経営リスクの中でも最大のリスク発生要因は〝人〟です。管理者は、常に「人がやる以上、ミスはつきもので必ずリスクは発生する」との認識を持つことが重要です。「そのようなリスクは自分の職場では絶対に発生しない」と思っている管理者は、一旦、リスクに遭遇すると途端にパニック状態となって頭が真っ白になり、そのあとの迅速・適切な行動ができず事態をますます悪化させることになります。

企業においては、リスク発生防止策だけではなく、リスクが発生した場合に備えて管理者教育や対応組織の見直し、リスク毎の対応マニュアルの作成、リスク発生を想定しての模擬訓練、幹部に対するメディアトレーニングなど、常日頃から実施しておくことが大切です。また、現場を預かる管理者は、自分の担当している業務プロセスのリスク要因分析を行い、リスクの低減やリスク要因の除去に努めるとともに、社員に対するリスクが発生した場合の対処についての教育・指導を怠ってはいけません。

9 「リスク管理の優劣は〝想定内〟か〝想定外〟」

ＩＴベンチャー企業の若手経営者が、記者会見で記者からの質問に対して「それは想定内のことです」という言葉を乱発して、一時、「想定内」という言葉が流行語になったことがあります。企業におけるリスク管理の優劣はまさに、発生する恐れのあるリスクを管理者自身が、十分認識した上で職場管理を行っているか、そうでないかによって決まります。

常日頃からリスク要因分析がキチンとなされ管理されておれば、万が一、リスクが発生しても「想定内」として適切かつ迅速な対応が可能となります。まさに、企業のリスク管理の優劣は、業務プロセスに潜むリスク要因に対する一人ひとりの管理者の分析力と対応力の総和にかかっていると言って過言ではありません。即ち、リスク要因が職場の管理レベルにおいて「想定内」であるか「想定外」であるかによって、リスク対処における初期対応のスピードや、企業が蒙るリスク被害レベルが大きく異なってくるということを管理者は十分に認識しておく必要があります。

10「リスク発生防ぐにはまずは要因減らすこと」

職場管理において業務プロセスに内在するリスク発生要因を正しく認識し、それを適切にマネジメントするのが優れたリスク管理者と言えます。〝職場リスクの芽〟を見抜く眼力を備え、その要因を早期に除去することが職場リスクの低減に繋がる道であり、それが管理者の重要な役割です。最近の企業不祥事例で、金融大手の企業で、女子事務員による巨額の使い込みが発覚し、大きく報道されました。勤続も長く、仕事もよくできるということで上司の信頼も厚かったとのことです。それだけに、長期にわたり同じ業務を担当させていたことが仇となって、不祥事発生に繋がったということです。

業務上の横領事件、製品の横流し事件、業者との癒着による贈収賄事件等は、平素の仕事もよくでき、上司の信頼も厚いベテラン社員による犯行が珍しくありません。これらのリスク発生の予防策としては、監査体制の強化、単一業務に長期にわたり従事している社員のローテーション実施、金銭や物品管理におけるダブルチェックなどリスク発生未然防止に繋がるような管理システムや仕掛けの構築が求められています。

11「リスク被害の最小化！　これぞ対処の　基本なり」

リスク管理で注意すべきは、不祥事やミスに対する管理者の姿勢です。「わが社ではこのような不祥事やミスは絶対許さない」、「不祥事やミスを起こした社員は厳罰に処す」ということをトップや管理者があまりに強調し過ぎると、部下は処分を恐れて不祥事やミスが発生した場合に、まずはそれを隠すことを考え行動しがちになります。

企業経営にはリスクはつきものです。リスク発生そのものをゼロにすることが不可能である以上、組織として一番重要なことはリスク発生による被害をいかに早く、かつ最小限に抑えるかということです。このことを認識しない管理者は、責任回避的発想に陥り、できればその事実を隠そうとしたり、幹部に対する報告を遅らせたり、責任転嫁のための犯人探しや、原因究明を第一に考え行動します。そのために対策が遅れ、ますます被害が拡大し取り返しのつかない最悪の結果となるケースが多くあります。

管理者は〝リスク被害や影響の最小化と早期沈静化〟がリスク対処の基本であることを認識の上、部下に対して、日頃の指導の中でいかにしてそれを理解させ、徹底させるかが重要です。

12「無用の混乱防止策　情報窓口一元化」

リスク発生時に注意すべきは、不正確な情報や憶測情報による無用な混乱です。これが事態収拾を困難にし、事件の解決を遅らせる要因になります。これを防ぐために必要なことは、ただちに「リスク対策本部」等を発足させ、同時に情報管理の責任者を選定し、事件に関する全ての情報を集中管理させることです。このことによって「情報管理の一元化」が図られ、マスコミ等への的確な対応が可能となります。

即ち、情報管理責任者を通じ、全ての内部関係者に対し事実関係や変化する状況についての〝情報の共有化〟が図られ、さらに、外部に対しては、企業としての責任ある〝情報発信体制〟が確立できます。これらの対策が十分になされていない場合には、食中毒事件を発生させた某食品会社の複数の経営幹部によるテレビ記者会見のケースの如く、記者からの質問に対して各々が異なったニュアンスの発言をしたり、さらには事件に関する公式説明と異なった事実が突然記者会見の席上で暴露されたりして、これまでの説明内容の信憑性や、事件に対する企業の姿勢そのものが疑われることにもなりかねません。

13「誰がやった何故やった！　だけではリスクの　火は消えぬ」

「誰がやった！」「なぜやった！」「誰の責任だ！」「だからあれほど注意しろといっていたではないか……」等々。ある日突然に部下から不祥事発生の報告を受けた管理者に多く見られる最初の言葉です。例えば、業務委託先会社で大切なお客さまの情報が入った機器が紛失したとします。早速、委託元責任者、委託先幹部、リスク管理部門など多数が集まり対策会議が開かれます。大抵の場合、出席者の多くはまずは、自己弁護や責任転嫁の議論に終始し、肝心の対応策についての議論が後回しとなってしまいます。

特に、減点主義が蔓延する企業風土の会社の場合は、このような傾向が強く現れます。リスク対処で一番重要なことは、目先の燃え盛る「リスクの炎」をいかに早く消して、被害の拡大を防ぐかということです。とりわけ管理者として注意すべきは、部下から不祥事発生などの報告を受けたときの態度です。沈着冷静にその事実を受け止め、管理者自身が先頭に立ってリスク被害の最小化に向かって直ちに行動を起こすことです。これが「リスクマネージャー」としての管理者の重要な役割であることを忘れてはいけません。

14「〝災い転じて福となす〟教訓活かせ　危機管理」

災いはいつどこでも発生します。また、どんなに注意していても、思わぬミスでお客様にご迷惑をおかけしたり、トラブルを発生させたりすることがあります。しかし、不祥事発生後、会社を挙げて一丸となっての誠心誠意の対応が、お客様に感動を与え、結果的に当該企業に対する信頼を高めることとなり、新たな受注に結びつくというケースもあります。

最近の例では某大手家電メーカーで発生した「温風暖房器によるＣＯ中毒事故」のケースがあります。当初は、事故の初期対応の不味さが問題とされましたが、以降、問題解決に向けて当該企業が組織を挙げ、誠心誠意、長期にわたり莫大な費用を使って、連日のテレビ・新聞による製品回収協力の呼びかけや、個人宅への葉書による注意喚起など、徹底した対策を実施した結果、市場や消費者からは、問題解決に向けての取り組みの誠実さや真剣さに対して大きな感動と高い評価を得ました。幾度も繰り返し、製品回収を呼びかける当該企業のテレビコマーシャルは、ある調査機関のデータによれば、内容の浸透度ではナンバーワン、好感度ではナンバーツーということになっています。まさに、災い転じて福となす良い事例です。

15「不祥事で　メディア訓練　一夜漬け」

不祥事発生に伴うトップのテレビ記者会見の席上で、記者からの厳しい質問や責任追求に対し、つい感情的になって「僕だって寝ていないんだ」と思わず声を荒げたり、会見途中で突然号泣したり、用意した文章を棒読みしたり、責任逃れの推測発言をしたり、あるいは、謝罪会見に相応しくない派手な服装・装飾品での出席など、思わず首をかしげてしまうような会見事例がよく見受けられます。最近では、某ホテルトップの違法改造事件のテレビ記者会見で、「今回の件は、時速制限六〇キロのところを若干オーバーしたようなものです」と発言したため視聴者から集中非難を浴び、その後の記者会見で平謝りに謝った事例は記憶に新しいと思います。

テレビによるマスメディア時代を迎えて、メディア報道が社会に与える影響力は非常に大きく、それだけに経営トップのテレビ会見などでのメディア対応の良し悪しが、その後の企業への評価に即、影響します。トップの記者会見の評価は最初の三分で決まるとも言われています。このような背景から、日本においても経営トップに対するメディア訓練の必要性がますます高まっています。最近では新任役員対象に、就任後直ちにメディア訓練の受講を義務づける大企業も増えています。まさに「備えあれば憂いなし」です。

16「リスク管理の三要素〝予防〟と〝対処〟と〝再発防止〟」

リスクマネジメントには、リスク発生の要因そのものをいかに減らすかという「①予防的取り組み」と、一旦発生したリスクの火をいかに迅速に消し企業の被害を最小限に止めるかという「②対処的取り組み」（クライシスマネジメント）と、二度と同じリスクを発生させないための対策としての「③再発防止的取り組み」の三つの取り組みがあります。

新会社法は取締役会に対して「内部統制システム構築の基本方針の決定」を義務づけるとともに、代表取締役等の業務執行取締役には「その基本方針に沿って内部統制システムを適切に整備すること」を義務づけています。

企業として有効かつ適切な内部統制システムを構築するためには、前述の三つの要素を念頭において業務プロセスごとに体系的に整備することが重要です。最近はリスクが発生した場合に備えて想定されるリスクを項目別に洗い出し整理し、「リスクマネジメントマニュアル」を作成したり、定期的に想定訓練を行う企業も増えています。

17「盗難事件と遺失物　取扱は違います　届出前に　要相談！」

重要な顧客情報が格納されたパソコンが紛失する事件が発生したとします。その場合は、顧客情報が外部に流出する危険性もありますので、ご迷惑をかけるおそれのあるお客様への迅速な報告とともに、場合によっては警察への届けも必要となります。しかし、明らかな外部からの侵入者による盗難の場合は別として、盗難なのか間違って廃棄されたのか、それとも単なる所在不明なのかが、はっきりしない段階での警察への届けには十分注意する必要があります。

警察への届けには〝遺失物届〟と〝盗難届〟の二種類があります。前者は単なる届手続きで済みますが、後者は場合によっては、窃盗事件として警察による社内関係者への捜査が行われる可能性があります。また、情報漏洩事件として新聞等で報道され、お客さまに余分なご心配をおかけする場合もあります。

警察への盗難届は職場で勝手に判断するのではなく、お客さまや関係者との十分な協議・相談が必要です。とりわけ、金融機関においては、万一、顧客情報漏洩リスクが発生した場合やその可能性がある場合は、直ちに金融庁への報告と迅速な公表が義務づけられておりますので、慎重かつ適切な対応が求められます。

18「三つの漏れが　重なって　CO被害　甚大化」

長年にわたり、全国各地で累計死者二十余名を出した業界大手のP社製瞬間湯沸かし器CO中毒事故は、メーカーはもとより監督官庁にとっても、再発防止に向けて多くの教訓と反省をもたらした事件といえます。死亡事故の直接原因は、不完全燃焼による酸欠ですが、事故発生が長期にわたり、また、多くの被害者・死者を出した原因は、継続的な被害発生情報の報告が、迅速かつ的確にメーカーのトップや監督官庁のしかるべき人にキチンと正確に伝わってなかったことが対応の遅れに繋がり、対策が後手後手にまわったと言われています。

つまり漏れたのは〝CO〟だけでなく、〝報告〟の漏れと〝対策〟の漏れの三つが重なり、これが長期にわたり被害が発生した原因と考えられます。まさに、組織におけるトップへの情報伝達のあり方と関係者の事実認識の甘さが問題となった事例です。事件が公になった後のトップの記者会見で「製品に欠陥はなかった。改造を前提にした設計はしていない。安全表示上の問題はなかった」旨の自己弁護中心の責任回避的発言は不特定多数の消費者に提供される生活用器具の安全保証面で、メーカーの認識と危機管理レベルが問題視された事件でもあります。

19「安全第一　エレベータ　保守安全は　カゴの外？」

二十数年ぶりに発生したエレベータ誤作動による男子高校生死亡事故は、エレベータの安全性への信頼を大きく傷つけるとともに、ユーザーに対しては改めてエレベータに潜む危険性と事故の怖さ、そしてキチンとした技術を備えた業者による保守点検サービスの重要性を強く認識させた出来事と言えます。また、事故発生からかなり時間が経過してからのメーカー幹部による記者会見での「自社製品はトップシェアであり、品質も優秀。今回の事故は保守の問題である」旨の発言は、ユーザーからは安全についての責任回避と受け止められ、メーカーの安全に対する姿勢そのものへの不信感となりました。

自社が関連した製品不良によって死傷事故が発生した場合に、特に留意すべきはマスコミ、被害者、ユーザーへの対応です。これらに対する企業としての対応方針がキチンとしていないと、いたずらに混乱を招く原因となります。重要なのは、事故に対する真摯で誠実な対応方針・対応姿勢を正しく理解してもらうための迅速なメッセージの発信です。例えば、真の原因が不明な段階では責任逃れと受け止められるような発言は絶対にしないこと、さらにトップ自身が先頭に立って、事実について正直で適切な開示を行うとともに、企業の責任が明らかな場合には被害者の方には誠心誠意の対応を行うこと約束し、責任者の処分についても厳正に行うことを宣言することなどです。

20「安全対策　想定外？　幼児に牙を剥く　シュレッダー」

シュレッダーによる幼児の指切断事故が複数のメーカーの製品で発生しています。その原因の一つには、使用環境の変化による事故発生ポテンシャルに対するメーカーとしての認識の甘さと、安全対策の遅れがあったのではないかと思います。

従来、シュレッダーのほとんどは、高価なこともあって企業における機密書類などの廃棄処分のための装置として、主にビジネスマンによってオフィスを中心に使用されてきました。しかし近年、家庭におけるゴミ分別処理の実施、プライバシー意識の向上、個人情報保護法の施行などを背景に、利用対象者や使用場所がオフィスから家庭にまで急速に拡大してきました。今回の事故多発は、メーカーが当初想定したリスク発生要因の変化に、安全対策がキチンと追いつかなかったということではないでしょうか。

一般消費者向けの商品を開発し、大量生産・販売するメーカーにとってはまさに他山の石となる事例です。経産省は、昨今の暖房器具や家電等の生活用製品による人的事故の多発化に鑑み、二〇〇七年五月、消費生活用製品安全法の改正を行い、メーカーに対して国への事故報告を義務づけるなどの監視強化を図っています。

第4章　機密情報保護

飲むなら持つな
持たせるな
漏洩防止の
基本です

1「Dトラは　Cトラよりも　怖いのよ」

会社法や個人情報保護法の施行、ウイルスや内部犯行による顧客情報流失事件の多発などを背景に、企業経営における情報管理強化の重要性が従来とは比較にならないくらいに高まっています。金融庁は最近の多発する個人情報漏洩事件による金融市場の信用失墜を回復するために、銀行、証券、保険会社等の多数の個人情報を扱う企業・機関に対して「情報管理の徹底」に関する取締り強化を図っています。また、個人情報漏洩、もしくはその可能性のある事態が発生した場合には直ちに「金融庁への報告」と新聞・TV等による「公表」を義務づけています。

今や、情報漏洩・紛失事故（データトラブル＝Dトラ）は、現金紛失・盗難事故（キャッシュトラブル＝Cトラ）よりも、企業の蒙る影響は格段に大きくなっています。特に、最近では、個人情報や企業の機密情報の入手をターゲットとする窃盗・強盗事件も増えており、パソコンのみを狙った空き巣や車上荒らし、集金人の情報端末のみを狙った強奪事件が発生しています。まさに、個人情報の取り扱いに「現金以上の厳重な注意」が必要です。

２「製品よりも情報が　今では巨大な　価値を生む」

「実用価値より、情報価値」と言われるように、光通信など高速通信インフラの整備による本格的なインターネット時代を迎えて、最近では付加価値そのものが「ハード製品」よりも情報やサービスなどの「ソフト」にシフトし、それらを活用したビジネスがより多くの価値をもたらすようになっています。

例えば、ネットビジネスと言われているインターネットを活用しての情報、映像、音楽などの配信サービスや、ネットショップ、ネットオークションなどがその例です。今や、ネットビジネスが新たなビジネスモデルとして脚光を浴び、その市場規模も急速に拡大しています。それだけに目に見えない情報そのものが思わぬ大きな価値を持ち、それを狙った新たな犯罪も増えています。現代の企業では、企業が所有する情報をいかにガードするか、いわゆる「情報セキュリティ強化」の必要性がますます強くなっています。

3「情報漏洩代償は　一件平均　一三億円」

ＩＴセキュリティに関してある調査会社がまとめた資料によると、二〇〇四年度に情報漏洩不祥事の後始末において、企業負担した賠償金や対策費等の一件あたりの平均金額は一三億円というデータがあります。前年の二〇〇三年度は平均で五億円だったそうですから、一年で一挙に数倍に膨れ上がったことになります。

原因として考えられるのは一つには、賠償単価が上がったことです。数年前のヤフーＢＢの顧客情報漏洩事件では、対象者全員にお詫びとして五〇〇円の金券が支給されました。しかし最近の裁判での判決では、漏洩情報の内容によっても差がありますが、損害賠償額の単価が一万円から一万五〇〇〇円というケースも出ています。直近の事例では、エステサロンから顧客情報が流出し第三者の手に渡り、迷惑メールで被害を蒙ったケースで、被害者に慰謝料を含めて一人あたり三万五〇〇〇円という判決も出されるなど、賠償金額の高額化が進んでいます。

さらに高額賠償のもう一つの原因は、インターネットの発達による膨大な量のデータ流出です。最近の個人情報漏洩事例では、漏洩データ件数が軽く数万件を超えるケースも多く、この場合の企業の負担は莫大な額となっています。個人情報を取り扱う企業にとって、「情報漏洩防止策」

は経営リスクの重要課題の一つとなっています。

4 「漏洩は　ＩＴ企業の　恥と知れ！」

「紺屋の白袴」という言葉がありますが、セキュリティを売り物にしているＩＴ業界を代表する大手ベンダー会社や通信・電機業界の大会社で、顧客情報管理の不手際や、ウイルス被害による情報漏洩事件が多発しています。個人情報保護法の施行や、会社法による企業における内部統制システム構築の義務化等を背景として、「顧客情報」そのものが大きな価値を持つ時代となっています。

一方で、大量の顧客情報に接することが日常的で当たり前になっているＩＴ企業においては、顧客情報管理の重要性に対して社員の意識が十分に追いついていないことや、管理体制や業務プロセスそのものが時代の変化に対応できていないことなどが、最近の不祥事多発の大きな原因ではないかと思われます。

ＩＴ企業においては、率先垂範、物理的な最新のセキュリティ対策への投資はもちろんのこと、「顧客情報の重要性」に対する意識改革や、社員教育の充実等、企業をあげて情報漏洩防止対策に取り組むことが大切です。それが、ＣＳ向上、顧客の信頼確保、他社との差別化に繋がるということを認識すべきです。間違っても「セキュリティ、売ってる貴方は　大丈夫?」と言われないようにしなければいけません。

5「PC・ケータイ・MCは　漏洩リスクの　No・1」

モバイルPC・携帯電話・メモリカードの記憶容量が大きくなるにつれ、格納されている情報量も非常に大きくなっています。最近の情報漏洩事件で一番多いのがウイルスによる情報流出事件ですが、それに次いで多いのがパソコンや携帯電話などの情報機器やメモリカード等の情報媒体の管理や取り扱いミスによる情報漏洩・紛失リスクの事例です。

パソコンやメモリカードに一旦格納した業務上の情報については、作業終了後、その都度こまめに消去することが大切です。また、携帯電話についても不使用時にはロックをかけておくなど、セキュリティ対策を厳重にしておくことです。最近の新聞記事でも顧客情報をメモリカードに保存して移動途中に紛失したり、メモリカードの顧客情報を消去するのを忘れて盗難にあったケースが報道されています。

IT企業や大手企業においては、漏洩リスクをゼロ、もしくは極力低減するために、社員が社外に持ち出すPCは、全てデータの格納できないセキュアPCに切り替えたり、携帯電話も全て指紋認証機能付きのものにしたり、さらにはデータの解読が難しい高度の暗号化ツールを導入するなど、より徹底した対策を行う企業が増えています。

６「飲むなら持つな　持たせるな　漏洩防止の　基本です」

携帯パソコンの紛失・盗難事件では、飲酒による置き忘れが原因となるケースが大きな割合を占めています。実際に発生した企業における情報漏洩リスク事例では、飲酒時紛失のトップスリーがカバン、パソコン、携帯電話です。特に、重要情報が格納されたパソコンはまさに、現金以上の大きな価値をもっています。情報漏洩リスクに関する事例では、職場懇親会で深夜まで飲酒し帰宅途中に眠ったために顧客情報の入ったカバンの盗難や、飲み屋にカバンを置き忘れて紛失したケースなどが発生しています。企業として、いくら厳重な持出し手続きを決めても、持ち出した後で管理が疎かとなり盗難に遭ったり、紛失したのでは何もなりません。

大切なことは、企業が情報の取り扱いについてなぜに厳しい管理や規則制定をしているのか、その理由・趣旨・背景をまずは社員に十分理解させておくことです。情報が巨額の価値を生む時代です。基本的には飲み会等お酒の出る席には、携帯パソコン、重要な資料の入ったカバン等は「絶対に持ち込まない、持ち込ませない」との日常の管理・指導の徹底が大切です。さらには、職場懇親会の幹事は、酒席が始まる前に参加者全員に対して、カバンの中身についてのチェック、携帯電話のロックなどの注意喚起を忘れてはいけません。

7「車上荒らしが　急増中　PC・カバンは　トランクに」

パソコンのみを狙った車上荒らしが増えており、近年その被害例が急増しています。パソコン自体の価値よりも、その中に格納されている情報が大きな価値を持つようになったことがその原因です。同様の理由からＮＨＫの受信料集金人が路上で強盗に遭い、財布ではなく集金用の情報端末のみが強取された事例や、自宅に空き巣が入りパソコンのみが被害に遭ったという事例も増えています。

犯罪者にとっては車の中に放置されたパソコンは絶好の窃盗目標になりがちです。基本的には、パソコンやカバン等を身辺から離さないことが大切ですが、やむなく車に置いていく場合には、外から車内が見えるところではなく、車のトランクや鍵のついた箱等に格納しておくという習慣を身につけておくことが大切です。特に外回りの多い営業車などの被害が増えています。対策として、パソコン専用の収納容器を営業車に特別装備する等の防衛策を講じた企業も現れています。

8「情報媒体　受け渡し　書類で残せ　エビデンス」

個人情報保護法の施行に伴い、企業においては、機密情報など情報資産に対する管理がますます強化されています。一方、重要な情報資産の入った資料やテープ・メモリカード（MC）などの情報媒体の管理不備による情報漏洩リスク事例も増えています。金融庁が全国金融機関を対象に実施した個人情報管理態勢に関する調査でも、対象機関一〇六八機関中二八七機関、二六・八％が「個人情報紛失あり」と回答しています。紛失の形態別では、書類が二一五機関（七五％）、情報媒体が一八三機関（六四％）と大きなウエイトを占めています。

漏洩事故を防ぐには、お客様からお預かりした資料やテープ・MCについては特に厳重な管理が必要です。また、お客様との間での個人情報に関する資料や情報媒体の受け渡しにあたっては、その都度、受取票にお客さまからサインをいただくなど、万が一、情報漏洩リスクが発生したときに備えてエビデンスを残す管理・指導を徹底しましょう。

9「わが身を守るルールこそ　〝漏洩防止三原則〟」

最近の企業における情報漏洩に関わるトラブル事例の主な特徴は、①持ち出し禁止の書類・電子ファイル等を社員が上司に無断で持ち出しての盗難・紛失、②情報記録媒体（MC・UBS・テープ等）の取り扱い不注意や作業ミスなどによる盗難・紛失・消去、③紛失・盗難にあったPC・情報記録媒体へのセキュリティ保護の未実施、④退社後に飲酒し、PC・書類・携帯電話等の置き忘れ・紛失・盗難、⑤FAX・メール誤送信による情報漏洩、⑥PC内蔵の情報取得を狙った空き巣・車上荒らしなどが挙げられます。

機密情報漏洩を防止するための三原則は次の通りです。

①機密情報は、原則として所定の作業場所から持ち出さないこと。

②どうしても持ち出す場合には、上司・顧客の承認・許可を得ること。

③機密情報を持ち出す場合には定められたセキュリティ対策を行うこと。

自分自身が思わぬ情報漏洩事件を引き起こさないためには上記の三原則を忠実に実行することが必要です。

10「データ残っていませんか？　廃棄の前に　再確認！」

ＩＴ技術の進歩が激しく次々と便利な機能や高速処理のできる新型パソコンが登場し、企業においてもパソコンの機種変更が頻繁に行われています。これを受けて中古ＰＣ市場も年々拡大しています。その一方で、パソコンの機種切り替えや廃棄処分にあたって本人は消去したつもりでも、実際にはメモリの中に情報が残っていて、顧客情報や、機密情報が完全に消去されず、知らないうちに機密情報が社外に流出した事例も増えています。

情報が残ったままで処分されると、中古市場での流通過程や廃棄物取得などで情報が第三者の手に渡り悪用される危険性があります。情報機器を処分する際には、社内の情報セキュリティ管理者に届け出て、定められた消去方法に従って記録されている情報を完全に消去することが必要です。ＯＳのフォーマットコマンド（消去キー）だけでは情報の完全消去はできません。また、紙媒体はシュレッダー処理、電子媒体は復元不可能な方法での処分が必要です。

最近では、記憶装置内のデータ完全消去を売り物にするソフトや物理的に破壊するサービスも増えています。また一方では、逆に高度な技術を使って情報媒体から消去されたデータを復元させるサービスを提供する業者も出ています。廃棄処分の前にはもう一度、慎重なチェックを行いましょう。

11「㊙情報メールには　二重ロックの　セキュリティ」

お客様の重要機密情報を漏洩させてしまうような事態を発生させてしまうと、お客様へのご迷惑はもちろん、企業としての社会的信用の失墜、巨額の対策費用や損害賠償など企業にとって取り返しのつかない大変な事態となります。したがって、メールによる重要機密情報の送付や転送は原則としては禁止とすべきです。

しかし、緊急時や業務上の必要などで、お客様情報や会社機密情報をどうしてもメール等で送信しなければならないときもあります。そのような場合には、万一のリスクを想定して情報の暗号化を図るとともに、事前に送付する相手先への送信連絡ならびに送信後に先方への着信・開封確認などを行うなど、慎重かつ厳重な取り扱いと注意が必要です。大切なのはこれを平素から社員にどのようにして意識づけし、実行させるかということです。

12「情報漏洩防ぐには　ハートとハードに　セキュリティ」

膨大な費用を投じて、目の虹彩による個人認証システムの導入、さらに個人別暗証番号、ＩＣカードによる入退社管理など二重三重のセキュリティシステムにより、最高のハード面の対策を施していた超大手ＩＴ企業の情報センターから機密情報が流出するという事件が発生しました。調査の結果、犯人は情報センターへの入退出者として、会社が認め登録許可されていた某派遣会社の社員と判明しました。事件の背景には日ごろから同じ職場で働いている正社員に対し不満があり、それが犯行に及んだ直接的な原因ということでした。

この事件は、企業が実施している情報漏洩防止策についての多くの反省と教訓を含んでいます。情報漏洩事故防止のためのハード面での厳重な対策はもちろん重要ですが、より重要なのは、ハード面の対策強化のみならず、そこに働く人の心の管理、即ちハート面の対策をいかに強化するかということです。不祥事発生の最大の要因は〝人〟です。したがってそこに働く人々のモラルや危機意識をいかにして維持・向上させるかが経営者や管理者にとってリスク回避のための大変重要な使命と言えます。

13「持ち出すな　顧客情報事故のもと　上司の承認　もらったか？」

携帯ＰＣの自宅での盗難や車上荒らし被害、移動中の車両での置き忘れによる情報漏洩リスク事例が増えています。人間である以上、どんなに注意をしていてもリスクをゼロにすることはできません。情報漏洩事故を起こさないためには、まずは、機密情報を所定の場所から外部に持ち出さないことが一番です。

しかし、どうしても外部に持ち出す必要が生じた場合には、必ず上長である管理者の承認を得るとともに、承認にあたっては、お客様との契約内容をよく確認し、さらに、契約内容から判断できない場合には、直接、お客様に確認することが大切です。また、盗難・紛失という最悪の事態のリスクを最小限に抑えるために、携帯用ＰＣには常に「秘文」などの暗号ソフトを使ってセキュリティを強化しておきましょう。

14「パスワード　定期的な変更は　ＰＣ管理の　基本です」

パスワードによるセキュリティ対策も、肝心の各個人のパスワード管理がおろそかになっていれば何の効果もありません。例えば銀行カードの場合は、二〇〇五年三月に〝偽造・盗難カード法〟が成立し、パスワードを盗み見され、預貯金を無断で引き出されるなどの被害者に対しては、金融機関による救済の補償制度が確立されました。

しかし、その具体的救済適用にあたっては、被害者側に暗証番号等で誕生日などの簡単に推測されやすい番号を使用するなどパスワード管理について過失があれば、その過失程度に応じて補償金額はゼロまたは七五％程度まで減額されることになっています。同様に業務用のパソコンについては、リスク軽減のためにも容易に推測できるような暗証番号は避け、さらにパスワードそのものを定期的に変更管理することは、セキュリティ面でのパソコン管理の基本と言えます。

15「漏洩急増　ウイルス被害　私物ＰＣ　使用不可」

最近の企業や官公庁におけるウイルスによる情報漏洩や情報流失事件で、その直接原因となっているのが、業務上での私物パソコンの利用です。一般的には、企業が用意した業務用パソコンには、ウイルスから情報を守るためのウイルスチェックやワクチン処理が定期的に行われています。一方、私物パソコンの場合はセキュリティ対策では脆弱なケースが多く、ウイルスに対する防衛対策も十分でなく、また、ウイルスがいつ侵入したのか、さらには侵入事実そのものすらわかってないケースがほとんどです。多くの企業では、業務上での私物パソコンの使用を禁じていますが、自宅で仕事の続きをするために、無断で業務上の情報を私物パソコンに入れて持ち帰る社員も少なくありません。

有名なウイルス被害事件では、大手電機メーカーの委託先社員がウイルスに犯された私物パソコンを業務に使用したために日本の防衛に関する機密情報が外部からも自由に見られる状態となって外交面からも問題視されたケースもあります。また休暇帰省中に仕事が気になって、ついうっかり実家の兄弟のパソコンを借用して会社にアクセスしたためにウイルス被害にあったケースもあります。

悪意でなくとも情報漏洩リスクを引き起こすのがウイルスによる被害です。ちなみに二〇〇六年のウイルス被害届は八万八〇〇〇件と前年の約二倍以上の規模となっています。企業においてはウイルスによる情報漏洩リスクを軽減するために、いかなることがあろうとも業務上では私物パソコンを使用しないよう、社員はもとより外注社員にも徹底することが重要です。

16「Ｐマーク　顧客信頼　つなぐ鍵」

ＩＴ技術の急速な発達、金融システムの巨大化・複雑化、インターネット利用人口の急増等により、サイバーテロ、ウイルスによる情報流失・フィッシングなどの新たなサイバー犯罪、さらには金融システムトラブルなど、近年ＩＴ事故の社会的影響が増大しています。経済産業省は二〇〇五年度よりＩＴ事故防止対策強化を目的として〝企業格付制度〟を発足させました。格付け評価は五段階となっており、格付けの低い企業については国や公共自治体への入札対象から除外するとしています。

さらに、二〇〇七年度からは政府機関のシステム調達における審査を強化するために、新たな〝会社格付制度〟を創設しました。具体的には、システムの調達に関しては各企業の技術力と実績（第三者公的機関による評価）や、信頼性（障害発生時の対応力）などの企業評価基準の設定など、重要インフラ別に入札条件が決められています。プライバシーマーク（Ｐマーク）制度は、第三者機関による企業における情報管理レベルを評価認定する制度です。今やＰマーク取得は、ＩＴ関連企業においては事業運営上、顧客の信頼確保のための必須要件となっています。

17「メール・FAX相手先　アドレス・番号　再確認！」

企業においてはメールやファックスは今や、ビジネスツールとしては欠くことのできないものとなっています。一方、情報漏洩リスクという観点においては、アドレスの思い込みや確認不足、さらにはちょっとした操作ミスでアドレス入力を間違ってメール発信を行ったり、ファックス送信においても同様に番号を間違って重要情報を他人に送付したりするトラブルが多発していま す。

一旦、誤って送付したメール・FAXは取り消し不可能です。インターネットが発達し、便利になった反面、誤送信のリスクも年々増えています。また、送付先ボタンを押し間違ったために私信の㊙メールが全社員に送付配信されたという笑えない深刻な事例や、名刺、企業パンフレット、製品案内等に印刷したFAX番号に印刷ミスがあり、お客様に迷惑をかけるトラブルも発生しています。これらのリスクを防ぐためには、メールアドレス・FAX番号については必ず送信前に再確認することが必要です。

18 「新型ウイルス登場で　ネット被害も　多種多様」

内閣府が二〇〇六年十二月に実施した「治安に関する世論調査」結果によると、「犯罪に遭う恐れを感じる場所はどこですか？」という設問に対して「ネット空間」と答えた人の割合が、二〇〇四年度調査に比較して約二倍（一九・一％から四〇・一％）に急増したそうです。インターネットの普及に伴い、ネットオークションを利用した詐欺被害や、新型ウイルスによるネットを介しての情報漏洩被害などが増えていることがその背景にあると思われます。コンピュータウイルスの感染件数も年々増加しており、二〇〇六年上期では二〇〇五年上期に比べて約三倍の四万五〇〇〇件という調査データもあります。

コンピュータウイルスの手口も年々巧妙化しており、従来の一部のマニアによる「愉快犯型」から最近は情報や金銭を得ようとする「営利目的型」が増えています。また、ネットを利用した手口も、アダルトサイトの利用料金の支払いをしつこく要求する「ワンクリック詐欺」、金融機関を装ってカード番号や暗証番号を盗み出す「新型の振り込め詐欺」、ウイルス被害も、個人のPCから個人情報を特定の第三者に送信する「スパイウェア」、ウィニー等のファイル交換ソフトを悪用して情報を勝手に公開する「暴露ウイルス」、画面にアダルトサイトの広告を勝手に表示する「アドウェア」など様々です。

次々に登場する新型ウイルスの被害に遭わないためにはまずは、常に最新のウイルス駆除ワクチンでガードするとともに、絶対に怪しげなホームページには近づかないこと。そしておかしいなと思ったら直ちに専門業者に修理を依頼することです。

19「〝無償ソフト〟に気をつけて！　背後に潜む　落とし穴」

最近の事例で、某商社社員が自宅でも仕事ができるように会社に無断で個人のＰＣに特殊な無料ソフトを取り込んだために、そのパソコンにある七〇〇ものデータファイルの内容が、第三者により簡単にダウンロードできる状態になっていたという事件が発生しています。無料ソフトの中にはソフトウェアのインストール時に個人情報を収集し、自動的に特定の宛先に送信する機能を持ったスパイウェアを組み込むものもあります。情報資産を守るためには許可されていないソフトウェアは業務には絶対に利用しないことです。

また、無料サイトにアクセスしたために、知らず知らずに悪性のウイルスに感染し思わぬ被害にあったり、無料サイトのコンテンツをダウンロードし勝手に営業のプレゼン資料等に使用したりして、後で問題となる事例が発生しています。無料サイトの場合、サイトを閲覧することはもちろん無料ですが、そのコンテンツを無断でダウンロードして勝手に使用してもよいということではありません。その場合には著作権に絡む問題が発生しますので十分注意が必要です。最近、知的財産保護強化の判例が増えており、例えば「新聞記事の見出し」を勝手にインターネット上で使用した業者が違法として罰則を受けています。

第5章　職場管理

〝三ザル〟が
職場にリスクの種をまき
減点主義が
育てます

我が社は見マス聞きマス言いマスの三鱒《マス》です
「水清ければリスクすまず」ですな

1「〝コンプ情報記録ノート〟談合拒否の　証明書」

改正独占禁止法による罰則強化や、監督官庁による取り締り強化を背景として、企業においては談合防止に向けての様々な取り組みが行われています。例えば、談合情報に関する専用ホットラインの新設、官公庁営業担当者に対するコンプライアンス教育強化などです。

また、最近は、外部の第三者や同業他社からの通報による談合疑惑から自社を守るために、営業コンプライアンスに関わる情報を記録する専用ノートを各営業の職場毎に常備する企業も増えています。このノート設置の目的は、同業他社から談合等の不正行為の働きかけを受けた場合に、自社がはっきりと拒絶した事実を記録するためのものです。また万一、談合に関する訴訟に巻込まれた場合でも、具体的な拒絶の事実をノートに記録することによって、自社が談合や不正行為に関わっていないことを立証するエビデンスとしての役目を果たします。具体的な記入内容としては、日時、相手の会社名、氏名、案件名、働きかけを受けた具体的内容、自社の対応等となっています。

2「〝メンタル・セクハラ・長残〟は　職場リスクの　赤信号」

「メンタル・セクハラ・長時間残業」は、職場管理における重点管理事項です。現代はストレス社会といわれるように企業における精神疾患の患者、いわゆる〝メンタル患者〟が年々増加しています。加えて、メンタルが原因での自殺者の労災認定事例も急増しています。また、派遣社員による女性の社会進出や意識の変化、企業による人権ホットラインの設置などによりセクハラに関するトラブルも増えています。中には訴訟事件にまで発展し、企業ならびに加害者に対する厳しい判決も出ています。

管理者として職場管理で特に留意すべきは〝過労死問題〟です。過労死とは長時間残業や仕事のストレスが原因でノイローゼになって自殺したり、持病の心臓や脳の疾患等がストレスや過労によって急激に悪化し死亡したりするケースです。最近の過労死に関わる訴訟では、労働者保護の観点から長時間残業や業務上のストレスについて企業の〝安全配慮義務〟を厳しく捉え、数億単位の賠償金支払いを企業並びに経営者に命ずる判例も増えています。

最近の注目すべき判決としては、過労とストレスにより自殺をした派遣社員の遺族によるいわゆる〝過労死訴訟〟において、最高裁は派遣差出元の企業だけでなく派遣社員が労務を提供している受入元の企業に対しても、管理責任を認定し損害賠償を命じています。厚労省は派遣元だけでなく、派遣先についても派遣労働者を雇用する事業主とみなすこととしています。

3「サービス残業・長残は　管理者不在の　証です」

労働基準監督署では、企業におけるサービス残業が水面下で常態化し、さらに増加傾向にあるとの認識の下、「サービス残業撲滅」を取り締まり重点項目の一つに掲げ、組織ぐるみなどの悪質な企業に対しては、直ちに企業名を公表するとしています。

残業はあくまで管理者の下命により行うことが原則であり、管理者は常に部下の残業状況について は眼を光らせておくことが大切です。特に、部下の健康管理や労働安全衛生法に定める従業員への「安全配慮義務」を果たすためにも、特定の個人が恒常的な長時間残業をしていないかなど定期的なチェックが必要です。

また、内部監査等でよく指摘されるのが、「勤休管理表」の管理者承認印の問題です。承認印のないものは論外ですが、月末に一括して承認印を押印しているケースなどは、日々の管理が原則である就業管理のあり方としては適切とはいえません。労働基準法は個人の年間における月五十時間超の残業は五回を超えてはならないとしております。これに違反しますと企業は罰則を受けることになります。間違っても管理不在となって、自分の職場からサービス残業などの労働基準法に違反する行為が行われないように、きめ細かな日々の管理が重要です。

４「パート・派遣・アルバイト　コンプ意識も　多種多様」

人件費コストの低減要請や労働者の労働意識の変化などにより、職場で働く従業員の雇用形態も、ますます多種・多様化しています。一方、企業におけるコンプライアンスは企業存続上の不可欠の要件となっており、今や、管理者にとっては雇用形態や、帰属意識も多種多様なこれら従業員に対して、いかにしてコンプライアンス意識を徹底させ、業務を遂行させるかが大きな課題となっています。

具体的な対策としては、職場受け入れ時のコンプライアンス教育の徹底や、定期的なコンプライアンス教育実施による意識づけ、さらには派遣元企業もしくは本人からのコンプライアンスに関する誓約書の提出などが挙げられます。

しかし、一番重要なことは管理者が自職場におけるリスクは何であるかを十分認識した上で、業務のチェック・確認などをきめ細かく実施することです。一旦、情報漏洩事件やコンプライアンスに関わる不祥事が発生した場合には、行為者が正社員か否かは問題ではなく、基本的には不祥事を発生させた企業の管理責任そのものが問われることになります。

5「日頃の業務プロセスを　リスクの視点で　再チェック！」

新会社法の施行や監査役監査基準の改正によって、社外監査法人による財務報告書の適法性確保のための内部統制状況監査や、監査役による取締役会で決議された内部統制システムの有効性についての監査が義務づけられています。世間を騒がしたS鉄道会社の有価証券報告書の名義株事件、K化粧品会社とT監査法人による粉飾決算事件、さらには二〇〇八年四月以降の決算から適用される金融商品取引法などの影響もあって、内部統制に関する監査は今後一段と厳しくなることが予想されます。

管理者は、常に自分の担当業務の各プロセスに潜んでいる「リスク要因を分析・摘出し、リスクを低減する」という視点で「業務や管理基準の見直し」を定期的に実施する必要があります。企業におけるリスクマネジメントの優劣は、まさに各管理者の「リスク分析能力とリスク低減能力」にかかっているといっても過言ではありません。

６「無免許で　怯えた日々の三年間　罪人作らぬ　危機管理」

ある企業において、無免許で三年間も営業車を運転していた社員が高速道路でパトカーに尋問され、無免許運転の現行犯で逮捕されるという事件が発生しました。警察署で本人に接見した弁護士の話によると、本人は「いつ発覚するかと毎日が不安と苦痛の連続で、この三年間は一日たりとも熟睡できなかった」ということです。一番の責任は、営業車使用申請手続において虚偽申告を行って、運転をしていた本人であることはもちろんです。しかし許可にあたって実物の免許証を確認しなかった管理者にも落ち度はあります。さらに日頃の管理において、その間一度も本人の免許証の現物チェックをしなかった管理体制にも大きな問題があります。

人間である以上、悪気はなくともウッカリ免許証の更新を忘れて無免許状態になるケースもあります。状況によってはつい魔が差して一度ついたウソの発覚を恐れ、さらにウソの上塗りをすることもあります。人間は弱い生き物です。このようなリスクを防止するためには、例えば、定期的に朝礼時等において社員相互に免許証の期限を確認し合うことも必要です。日常の職場管理において、管理方法や教育の不備により大切な部下を罪人にしないためのチェックシステム構築が管理者にとっての大変重要な役割であり、内部統制構築の目的もそこにあります。

7「人・物・金と情報の　全てにリスクが　潜んでる」

事業は人・物・金・情報といった経営資源の組み合わせにより行われています。しかしながら、これらの経営資源の全てに多くの固有の企業リスクが含まれています。管理者は職場管理において、このことをしっかりと認識しておくことが必要です。

例えば、「人」の場合は、社員による使い込みや製品横流し等の不正行為リスク、「物」の場合は、購入した欠陥部品による重大事故や環境汚染発生リスク、「金」の場合は、為替リスクや不良債権リスク、「情報」で言えば、インサイダーや情報漏洩リスクなどがその例です。

ある意味では、管理者は、会社からこれら経営資源の「リスク管理」を任されながら業務を遂行するいわゆる「リスクマネージャー」としての役割も担っているわけです。したがって、これら経営資源に潜むリスクの存在を十分認識の上、自部門の業務プロセスごとの具体的なリスク分析を行い、日々その管理と対策を実施するのが管理者に課せられた使命であり責任であると言えます。

8「コンプ意識の徹底は　まずは〝基本の遵守〟から」

職場におけるコンプライアンスの徹底は、各人が決められた会社のルール・規則・基準をキチンと守ることから始まります。そして、何よりも大切なことはどのようなことがあっても「基本と正道を遵守する」、即ち「ルールは守る、悪いことはしない」という社員一人ひとりの強い意識です。例えば、職場で決めた〝朝の挨拶励行〟を例に取ると、朝の挨拶をちゃんと守る人もいれば、守らない人もいます。コンプライアンス意識を職場に定着させるためには、まずは、小さなことでも決められたことは全員でキチンと守る、という企業風土、職場環境を作ることが大切です。朝の挨拶励行すら守れなくて〝コンプライアンス意識〟の徹底は到底できません。

基本の遵守は、管理者がただ厳しく指導するだけでは定着いたしませんし協力も得られません。必要なのは、なぜ「基本の遵守」が大切か、または必要かについて管理者自らが、具体例を挙げて、自分の言葉で、直接、繰り返し部下に語り続けることです。コンプライアンス意識の徹底も同様です。管理者の役割は、コンプライアンスの重要性や必要性について「コンプライアンスは誰のためでもない。自分と自分の家族の生活を守るために必要である」ということをどのようにして部下に正しく、きちんと理解させるかということです。

9「告発動機の九割は　上司に対する　不満です」

ある調査機関によると、企業不祥事発覚の原因はそのほとんどが、内部関係者による告発や資料持ち出しであると言われています。そして、その行為者が内部告発を行った本当の動機的原因を分析すると、その九割以上は、直属上司や会社に対する不満がきっかけだと言われています。多くの告発者は告発にあたって「会社をよくするために、あるいは、社会正義を実現するために」と大義名分を掲げて告発理由を主張します。しかし実際はむしろ大義名分そのものは後づけの理由というのが実態です。

したがって、内部告発リスクを防ぐ最大の施策は、まさに日頃の職場における社員の不満要因をいかに早く察知し、それを除去していくかということです。企業における「コンプライアンスのホットライン」もリスク軽減のためのツールではありますが、基本は、日頃から、上司と部下との信頼関係を強くし、職場の風通しをよくしておくことが重要である、ということを管理者は肝に銘じておく必要があります。

10「内部告発・危機管理　最大リスクは　人・人・人」

〝企業は人なり〟という言葉がありますが、経営資源の中で企業にとっての最大のリスクは〝人〟です。例えば大学の新卒一人を採用して、会社が企業年金等も含めて本人に支払う生涯の金額は、平均約三億円から四億円と言われています。果たして、採用したこれらの人たちが、それに見合うだけのアウトプットを出して事業に貢献してくれるのかどうか、まさに、人を採用するということは、企業にとって大変大きなリスクです。

また、人に関わるリスクも、人間関係、労務・人事問題、健康・メンタルヘルス、労働災害、人権問題など多種多様です。最近は社員の意識の変化とともに、個人による機密情報漏洩や犯罪、さらに内部告発等も多く発生しています。最近の企業不祥事発覚の九〇％以上は、内部の関係者からの告発や資料の持ち出しによると言われています。企業にとっての最大資産は、〝人〟であると同時に〝人〟は最大のリスクでもあります。管理者が忘れてはならない職場におけるリスク管理は、〝人〟であり、〝人の心〟であると言えます。

11 「職場の小さな〝リスクの芽〟　地下に巨大な　〝リスクの根〟」

企業における〝リスクの芽〟は至るところに潜んでいます。一見、小さく見える些細な〝リスクの芽〟でも、その背後には職場全体に巨大な〝リスクの根〟となって広がっている危険性があります。有名な「ハインリッヒの法則」というのがあります。これは一つの大きな事故の背後には、表面化していない同様の小さな事故が二九件、そしてさらにその陰には事故の原因となる〝ヒヤリ・ハット事例〟が三〇〇件あるというものです。企業リスクの場合も同様です。

しかし、一般の事故と違う点は、企業リスクの要因そのものが社会情勢や経済環境、さらには顧客ニーズの変化等で日々刻々と変化しているということです。管理者は常にこの認識を持って、日常の職場管理を行う必要があります。管理者はリスク要因の変化に注目しつつ、部下の何気ない言動、表情、勤務態度の変化や外部からの電話、さらにお客さまからの些細なクレームなど、小さな変化を見逃さずに問題意識をもって、きちんと自らフォローしていくことが大切です。特に最近増えているのが、サラ金被害による社員の突然の失踪事件や、ベテランの社員による金銭や商品に関わる不祥事などです。

12 「〝三ザル〟が 職場にリスクの種をまき 減点主義が 育てます」

社員が業務上の不正に気づいた時や、おかしいな、変だなと思った時にどのような行動を取るかによって企業リスクは大きく左右されます。職場にはびこるいわゆる〝見ザル・言わザル・聞かザル〟の〝三ザル〟は、経営にとっての大きなリスクの種です。社会の企業に対する評価基準やリスク要因が大きく変化する中で、職場における間違った「業界慣行尊重」や極端な「先例依存主義」は、結果的に企業に大きな危機を招来させます。

職場のリスクを減らすにはまずは、部下が不正に気づいた時に、直に上司に報告する「上司と部下の良い人間関係」をいかにして構築するかということです。問題点の指摘や提言・苦言、あるいは新しいことへのチャレンジに対して、消極的で結果に対する「減点主義」の管理者の下では、部下はとにかく「事なかれ主義（三ザル）」になってしまいます。管理者は、企業環境の変化に対するアンテナを常に高くし、部下に対しては、「前からやっている」「他の職場でもやっている」という基準だけで物事を「判断しない、させない」ように指導することが必要です。職場におけるリスクに対して、上司への迅速な「報告・連絡・相談」を励行させるのは、まさに、管理者の役割です。

13「〝天知る・地知る・われが知る〟　いつも誰かに　見られてる」

コンプライアンスとは、最終的には社員一人ひとりの意識の問題です。人間は本来的には大変弱い生き物であって、つい欲望に溺れて魔がさしたり、誘惑に駆られて不正に加担したり、思わぬ罪を犯したりするものです。しかし社員一人ひとりが自分の行動は「いつも誰かに見られている」「いつも誰かが見ている」という気持ちで行動していれば、違法行為や不正行為は自ら行わなくなるものです。

「身の咎（とが）を己の心に知られては罪の報いを如何（いかに）逃れん」

これはあるテレビ番組の法話で瀬戸内寂聴さんが紹介されたものです。まさに「天知る、地知る、われが知る」を表わしたものです。大切なことは、この気持ちを社員に対していかにして自覚させ浸透させるかです。日常の行動については、果たして自分自身の行為が、「自分の良心あるいは家族に対して何ら恥ずべきことではないかどうか」、または「他人やマスコミに知られても非難されるようなことではないかどうか」の視点で自問自答し判断することが大切です。

14「フタしても　臭いは必ず漏れてくる　口に扉は　立てられず」

近年の企業や官庁の不祥事多発の原因の一つには、組織における管理システムや管理者および従業員の意識・行動が社会情勢や法律の急速な変化に追従できていないことにあります。しかしもう一つの大きな原因としては、従来は不祥事が発生しても当該組織の中で隠密裏に処理され外には漏れがたかった不祥事や機密情報が、派遣・パートといった雇用形態の多様化や従業員意識の変化、労働力の流動化、公益通報者保護法施行、インターネットの普及、情報記録媒体の小型化等によって、簡単に社外に持ち出されたり公表されるようになったことが挙げられます。

組織の不祥事に対して企業がいかに厳重な「かん口令」を出して隠そうとしても、不正は必ず発覚します。特に働く人の意識はまさに様々であり、人の口に扉は立てられません。管理者は不祥事に関わる事実に気づいた場合には隠すのではなく、むしろ積極的に公表し組織を挙げて再発防止に取り組むことこそ、結果的に組織を守ることにつながることを強く認識すべきです。

15「ESが　コンプとCS　支えます！」
高める上司の　指導力

社員一人ひとりに「コンプライアンス」や「CS向上」（顧客満足度向上）に対する意識をどのようにして植えつけ、また、それをどのようにして維持させていくかは管理者にとって非常に難しい問題です。しかし、究極的にはこれらを維持し、支える基盤は企業における「ES」（従業員の満足度）にあると言えます。なぜならばコンプライアンスもCSもそこに働く社員の「心のあり方」にかかっているからです。

「ES」を高めるには、労働条件の整備等ももちろん大切ですが、一番重要なのは管理者の指導力です。即ち日常の管理の中で、社員一人ひとりに「自分の仕事に対する誇りと責任感」、「仕事を通じての達成感や生きがい」、「お客様からの感謝の言葉を最高の喜びと感ずる心」をいかにして持たせるかです。これら一つひとつが、まさに「ESの向上」の源泉です。「ESの向上なくしてコンプライアンス意識もCS向上意識も決して生まれない」ということを管理者は強く肝に命じておくべきです。最近は、社員のESをモニターするために定期的に社員の「モラルサーベイ」を実施し、「あなたの職場では臭いものにフタをする傾向があるか否か」などの設問を通じて更なるＥＳ向上に向けて真剣に取り組んでいる企業の例もあります。

16「コンプ教育目的は　社員と家族を　守るため！」

企業が行うコンプライアンス教育の目的には、企業を不祥事から守るため、お客様に対しご迷惑をかけないため、企業としての社会的責任を果たすためなど、いろいろあると思います。しかし、経営者として絶対に忘れてはならないことは、社員に対するコンプライアンス教育の最大の目的は、企業にとっての最大の財産である〝人財〟すなわち「大切な社員とその家族の生活をリスクから守るためである」ということです。

新しい法規制、企業評価の座標軸の変化によって、企業リスクは刻一刻と変化しています。人間は環境によって左右される大変弱い生き物です。談合事件などのように、会社のためにと悪いこととは知りながら違法行為に加担する社員、実力を無視した厳しいノルマ達成のためにやむなく架空受注を計上する社員、管理システムの不備によりつい魔がさして悪事を働く社員などいろいろあります。

企業においてコンプライアンス意識を周知徹底させるために一番重要なことは、社員一人ひとりに「コンプライアンスは誰のためでもない、自分と自分の家族の生活を守るためである」ということをしっかりと自覚させることです。不祥事を起こした社員については「一罰百戒」、どんなに優秀な社員でも規則に則り、適正に処分をする必要があります。大切な社員を罪人にしない。リスクから守る。そのための教育や管理システムをきちんと整備すること。これは大切な人を預かる経営者としての最大の責任であるといえます。

17「リスクの芽　摘み取る職場の　風通し」

近年、企業不祥事の発生防止に向けて従業員が職場の不正などに気がついたときに、企業のトップあるいは「コンプライアンス本部」等に直ちに直接的に通報できる制度、いわゆる「コンプライアンスホットライン」を設ける企業が増えています。これらのホットラインは、企業における〝リスクの芽〟を早期に摘み取るための有効なツールであることには間違いありません。

しかしこれはあくまで不祥事発生リスクを低減するための補助的手段に過ぎません。大切なのは管理者や社員自身による日常業務におけるリスクマネジメントです。社員一人ひとりが職場において「ちょっと変だな?」、「これで本当に大丈夫かな?」と感じたときにどのように行動するかということです。おかしいと思ったことや、問題だなと思ったことが直ちに部下から上司に伝わる職場、社員一人ひとりが常にリスクに対する問題意識を持って仕事をしている職場、上司と部下が何でも気楽に話せる風通しのよい職場。これらが〝リスクの芽〟を初期段階で早期に摘み取ることのできる職場です。

そしてこれを支えるのは、一人ひとりの管理者の指導力です。特に留意すべきは、部下から正直に不祥事やリスクの存在についての報告・相談を受けた時の態度です。管理者は不祥事を引き起こした部下を責めるのではなく、まずは隠さずに積極的に報告をしてくれたことに対して、感謝の気持ちを言葉で表わすことが大切です。この態度が上司への信頼を高め、職場の風通しをよくすることに繋がります。

18「〝クレーム・トラブル・異常値〟はリスクを告げる　天の声」

企業不祥事や重大事故が発生する場合は、事前の予兆があることが多いものです。お客様からのクレーム、頻発する些細な事故、異常な支払いや納期遅れ、部下の勤務態度の変化などは、まさに管理者に対するリスクの存在を知らせる天からの警鐘であると、素直な気持ちで受け止めることが必要です。

クレーム対応の良し悪しはお客様に大きな影響を与えます。些細な事故は後で起こる大きな事故の前兆の可能性があります。支払いや納期遅れは、取引先企業において問題が生じているのかもしれません。勤務態度の変化も同様です。

「天の声として謙虚に聞く」

この気持ちがあれば事態の悪化は避けられます。管理者はこのような現象が起こった場合には、人任せにしたり、放置したりせずに、自らの目で事実を確認し迅速かつ誠実に対応することが重要です。

以前、大手電機メーカーのT社で、お客からのクレームに対して対応窓口の担当者が不適切な対応をしたためにその一部始終が録音され、インターネットで全国に公開されるという事件がありました。インターネット時代の恐ろしさは、企業不祥事等の情報が、瞬時に多くの人に伝わるということです。食の安全や、環境保全、欠陥商品等に対する社会の監視の眼が強まる中で、企業においてクレーム等のリスクに対する適切な対応の重要性はますます高くなっています。

19「リスク管理で必要なのは〝テラー〟ではなく〝マネージャー〟」

企業におけるリスク管理において、管理者の果たす役割は非常に重要です。管理者のリスク管理のスタイルには大きく分けて二つの種類があります。

一つはよく見られる管理者のタイプで、評論家型の管理者です。他人や部下に対して問題点やリスクの存在について指摘するだけで、問題に対してどのように対処すべきか自分自身の方針や対策を示さない管理者です。このタイプの管理者は、一旦リスクが発生すると、「だから問題を起こさぬようにと、日ごろからあれほど厳しく指摘をしていたではないか」と言って自己弁護と他人に責任転嫁をする管理者です。このような管理者は部下から信頼はされませんし、部下にただ不安を与え自信をなくさせるだけの管理者です。このようなリスクの指摘だけの評論家型管理者を「リスクテラー」と言います。

もう一つのタイプは、リスクの存在を十分認識した上で、リスクに対する自分の方針・対策を部下に明示し、そのリスクをうまくコントロールし、リスクヘッジしながら管理責任を果たす管理者です。これが本当の「リスクマネージャー」と呼ばれる管理者です。今、企業に求められているのは後者のタイプの管理者です。果たして自分は部下に対して前者の「リスクテラー」になってはいないか、常に自己反省と自己チェックが必要です。

20「〝知識〟〝見識〟それよりも　肝心なのは〝胆識〟だ！」

職場におけるコンプライアンス徹底のために管理者に要求されるのは、〝知識・見識・胆識〟

のいわゆる〝三識〟であると言われています。即ち、第一が管理者自身のコンプライアンスに関わる法律・法令・規則・基準といった法規制についての十分な理解力です。即ち、業務に必要な法律等に関する「知識」です。次はその知識に照らして現在職場で起こっている現象や、行われている行為が果たしてコンプライアンス上問題かどうかを的確に見極める判断能力、いわゆる〝見識〟です。そしてもう一つが、管理者本人はもちろんのこと、たとえどのようなことがあろうとも、自分の職場や部下には絶対に不正行為や規則違反を行わせない、部下を不祥事リスクから絶対に守るという強い信念に基づく管理者としての実行力・決断力・指導力です。これを〝胆識〟と言います。

企業におけるコンプライアンス管理において管理者に求められているのは、会社から預かっている大切な部下を自己の管理能力・指導力不足によって罪人にしないことです。万が一、不祥事が発生した場合は、不祥事を起こした部下をいたずらに責めるのではなく、自らの指導不足、部下への教育不足を反省する姿勢が大切です。したがって、管理者に必要な〝知識・見識・胆識〟の三つの中で一番重要なのは、最後の「胆識」であることを管理者は強く認識すべきです。

第6章　主な法務リスク関連

リコール隠し

取り締まり

〝道路運送車両法〟

1「内部統制　システム強化　〝金融商品取引法〟」

財務報告を正確に行うための体制構築を求める「金融商品取引法の内部統制」が、二〇〇八年四月以降の開始年度から上場企業を対象に適用となります。その結果、上場企業は「財務報告に関わる統制」の評価と監査、即ち財務報告プロセス全般についての信頼性を内部統制の枠組みをもって確認・検証することが義務づけられています。金融商品取引法は、アメリカで発生した企業不祥事を契機に二〇〇二年に施行された企業改革法（ＳＯＸ法）を参考としているために、別名日本版ＳＯＸ法とも呼ばれます。

この法律が企業に求める具体的な内部統制は二つの柱で成り立っています。一つが有価証券報告書の内容に間違いや虚偽記載等がないことを保証する企業トップによる「確認書（宣誓書）」の提出です。もう一つが財務書類を正しく作成するための社内体制がきちんと整備され機能しているかどうかをチェックし、それを自己評価した「内部統制報告書」の作成です。

さらに作成された「内部統制報告書」については、宣誓書とともに外部の公認会計士、または監査法人に提出し監査法人がこれを再点検し、適正・不適正意見を出すことになっています。もし問題があれば、経営者は刑事罰の対象にもなります。このように金融商品取引法の内部統制は、投資家保護の観点から経営者に対して会社法に比べてより厳しい義務が課せられています。

２「責任追求　代表訴訟　忠実・善管　注意義務」

企業不祥事の多発化を背景に、役員に対する株主代表訴訟が増えています。会社法第三五五条は取締役の忠実義務について「取締役は、法令及び定款並びに株主総会の決議を遵守し、株式会社のため忠実にその職務を行わなければならない」と定めています。また、役員等の損害賠償責任に関し、会社法第四二三条は、取締役、監査役、会計監査人の会社に対する任務懈怠責任について規定しています。

例えば、取締役の違法行為には地位を利用しての不正取引、公私混同、会社財産の私物化・横領等の背任行為、あるいは、補助金の不正受給、談合、贈賄、総会屋への利益供与などの違法行為、さらには、故意・過失による不正・違法行為の放置等があります。

ここで問題となるのは、取締役の経営判断の失敗による会社の損害に対する責任についてです。この場合は、いわゆる「経営判断の原則」の考え方が適用されることになります。即ち、①事実認識に不注意による誤りがないかどうか？　②意思決定の過程が著しく不合理でないかどうか？　③結果として下した判断が著しく不合理でないかどうか？　の観点から判断されます。

3「〝個人情報保護法〟は　罰則　懲役六ヶ月」

二〇〇五年四月に、新しく個人情報保護法が施行されました。背景には、管理ミスやウイルスによる官公庁、金融機関、病院等での個人情報漏洩事件の多発と、それに伴う社会的影響の増大があります。

本法の適用対象者は、五〇〇〇件以上の個人情報を取り扱う事業主、いわゆる、法人が適用対象となっており、違反者に対しては、「六ヶ月以下の懲役または、三〇万円以下の罰金」が科せられます。年金番号、保険証番号、口座番号、名刺情報、社員番号、本籍、国籍、住所、氏名、性別、年齢、電話番号、病歴、犯罪歴、学歴、学校成績等々、身の回りにある個人を特定できる情報のすべてが個人情報です。

企業活動において、顧客情報・個人情報は欠くことのできない経営資源ですが、一方、それらを不用意に外部に漏洩させた場合、企業の社会的信頼への影響は甚大です。まさに、個人情報を適正に管理することは、現代社会における企業に課せられた責務でもあります。

4「利用目的　同意と開示　〝個人情報保護基準〟」

個人情報保護法は、個人情報保護取扱事業者の守るべき内容として、個人情報の「①収集時プロセス、②利用時プロセス、③維持プロセス」毎に細かく規定しています。具体的には、①では「利用目的の特定、本人の同意、不正取得の禁止、利用目的の本人への通知」、②では「情報の正確性・最新性の維持、安全管理措置、従業員・委託先の監督、第三者への提供制限」、③では「利用目的等の公表、個人データの開示、必要な訂正の実施、同意なき利用の停止、机上処理体制整備」などとなっています。

法律を遵守するために企業として行うべき具体的な例としては、一つには、受付用ＨＰやアンケート、契約書など各種提出書類で入手した個人情報の利用目的の明示、さらには本人からの開示・訂正・利用停止請求に対する手続きの確立、個人情報管理におけるセキュリティ対策強化、情報を取り扱う従業員や委託会社への教育など管理監督強化が挙げられます。

5「″PL法″　販社も訴訟の　被告席」

一九九五年に新しく制定された「製造物責任法（PL法）」は、欠陥商品を直接製造した企業だけではなく、表示製造業者（①自ら製造業者として、氏名、商号、商標の表示をした者、②製造業者と誤認させるような氏名等の表示をした者、③実質的製造業者と認められるような表示をした者）も処罰の対象としています。例えば、OEMの販売会社や全体的に製造業者であるかのような氏名、商号、商標を表示した販売業者、あるいは製造業者名の他に「総販売元」等の表示をしている販売業者も処罰の対象としています。

責任認定の考え方も「民法」が人の行為に着目した「過失責任の原則」が適用されるのに対し、「PL法」は製品の状態に着目した「欠陥存在の原則」即ち、結果において欠陥があれば責任追求が可能というのが特色です。最近の事例では、中国製ストーブで有害な塗料が使用されていた欠陥商品について、輸入・販売を行った総合商社が訴えられて、敗訴となっています。

６「〝建業法〟資格基準は五〇〇万　契約前に　要確認！」

建設業法では、五〇〇万円以上の工事を受注するには、建業法に定める一定の資格を取得していることが条件となっています。資格を有してない企業が五〇〇万円以上の工事を行った場合には建業法違反となり、場合によっては業務停止などの罰則を受けることになります。

国土交通大臣による資格認定手続きは、一般的には本社が一括して行っているケースが多いのですが、支社などが契約当事者となって各拠点で受注を行う場合には、支社毎に取得業種の資格認定が必要となっています。したがって支社単位で具体的な工事受注契約を行う場合は、金額、当該工事に関する支社別の資格取得の有無など、事前に専門部署に確認しておくことが必要です。

７「罰則強化　〝独禁法〟！　気をつけようね　官公需」

道路公団官製談合、水処理工事談合、新潟市土木工事談合、防衛庁燃料納入談合、宮崎・福島・和歌山などの県発注工事に関わる官製談合、名古屋地下鉄工事談合、枚方市清掃工場工事談合、緑資源機構のＯＢによる典型的な官製談合など、独禁法に絡む事件が後を絶たない状況です。

永年にわたり、土木建設業界を支配してきた談合体質の抜本的改善を行うために、公正取引委員会は、課徴金の大幅引き上げ、自発的申告者への課徴金減免制度の導入、さらには公取委への強制捜査権付与、特別調査部新設など罰則並びに監視・監督体制を強化しています。業者と官公庁の発注担当部署とのつき合いについても、具体的な細かいいろいろな規制が設けられています。官公需を担当している営業部門においては、法律や規則の改正動向や事件発生事例に対する注意喚起や受注活動に際しての留意点など、関係者への常日頃からの十分な教育指導が必要です。

8「減免制度　課徴金　適用先着　三位まで」

二〇〇六年一月、公正取引委員会はいわゆる「課徴金減免制度」を新しく導入しました。この制度は、談合やカルテルの事実を自主的に申告した企業に対して課徴金を減額、または免除する制度です。この制度の導入は、米国で行われている司法取引制度的発想に基づくもので、摘発前にカルテルや談合に関与した企業の自主的申告を促進させようというのが狙いです。

課徴金の減免内容は、自主申告の順位、時期により異なり、例えば立ち入り検査前の自主申告第一位の場合は、原則全額免除、二位が五割免除、三位が三割免除等となっています。申告の受付方法は、順位を明確にするために受信時刻が記録に残るＦＡＸのみとなっています。

したがって、談合企業の数社が同時にFAXで自主申告をした場合、FAXの送信スピードの差により、順位が決まることになります。米国と環境が違う日本でのこの制度の定着が危ぶまれていましたが、予想に反して制度導入後、わずか三ヶ月間で二六件受付済みという数字も報告されています。

本制度の適用第一号は二〇〇六年八月に申告のあった「道路公団トンネル用設備工事」に絡む談合で、立ち入り検査前に申告したM社は全額免除、立ち入り検査後に申告したI社とK社は三割免除となっており、自主申告しなかった二社については全額請求となっています。なお、減免制度が適用となった企業については、指名停止期間も半分に短縮されることになっています。

9「不実記載に　監視の眼　上場廃止　〝証取法〟」

証券取引法は、「有価証券の発行及び売買その他の取引の公正」と「有価証券の流通の円滑」を目的とした法律です。最近、S鉄道によるいわゆる、名義株事件やK化粧品会社による粉飾決算に見られるが如く、有価証券報告書への不実記載が原因となって上場廃止となる企業が多発しています。

一方、ネット株主等個人株主の増加など、証券市場の大衆化が急速に進む中で、金融庁や東京証券取引所（東証）は、「公正な取引」と「市場の信頼回復」に向けて情報開示規制や、企業への監視及び罰則強化の姿勢を強めています。

具体的な例としては、金融庁が二〇〇四年十一月に開設した「情報開示ホットライン」、上場企業からの東証に対しての「宣誓書提出義務付」、有価証券報告書への虚偽記載に対する「課徴金新設と刑事罰強化」、さらに会社法施行による「内部統制強化の義務付」などです。

10「営業機密　保護強化　〝不正競争防止法〟」

営業機密のなお一層の保護強化を狙いとした「改正不正競争防止法」が二〇〇五年十一月に施行されました。改正のポイントは罰則強化です。①国内で管理されている営業秘密の国外での使用・開示者への罰則導入、②元役員、元従業員に対する在職中の営業秘密不正使用・開示の申し込みや請託への罰則導入、③営業秘密侵害罪を犯した社員の雇用主である法人への罰則導入等です。

企業においては、今回の法律改正を踏まえて、不正手段による営業秘密の入手防止を再徹底するため、教育による役員・社員への意識づけが必要です。また、転職者など中途採用を行う場合は、違法な情報流入と疑われないために、入社手続時に中途採用者本人からの秘密情報不正持ち出しの有無に関する誓約書を提出させるなど、より徹底した管理が必要です。情報リスクの観点からは、社内の情報漏洩防止策と同時に、違法な形での営業機密情報の流入についても管理体制の強化が求められています。

11「リコール隠し　取り締まり　〝道路運送車両法〟」

自動車メーカーは、自社が製造・販売した自動車の不具合や、不具合が発生する惧れがあることが判明した場合には直ちに対策を講じ、危険発生を防止する法的責任を負っています。さらに道路運送車両法は、欠陥車による事故を未然に防止するために自動車の不具合については迅速に監督官庁に届け出て、それを積極的に公表し無料の修理・回収を行うことを義務づけています。これがいわゆるリコール制度です。

最近の事例としては、企業を挙げて再発防止策を徹底したにも関わらず再三にわたるリコール隠しが発生し、経営責任を問われてトップ辞任となったＭ自動車グループ事件があります。Ｍ自動車の事件は、欠陥車による事故多発が社会的に大きな影響をもたらす自動車事業において、メーカーとしての当然の義務である「危険発生を防止する」という社会的責任を果たすための、組織的な取り組みを徹底することの難しさを改めて社会に認識させた事件と言えます。また、最近はリコールの遅れについても厳しく追求される傾向にあり、業界トップのT社においても、監督官庁への不具合報告の遅れを指摘され行政処分を受けています。

12「迂回輸出は許さない！　キャッチオールの〝外為法〟」

不正輸出に関する事件として、Y発動機による軍事転用可能な無人ヘリコプターの中国への無許可輸出、M精密測定器メーカーによる核開発に転用可能な高精密の三次元測定器のマレーシア等への無許可輸出、N商事他による細菌兵器製造に転用可能な凍結乾燥機の北朝鮮への迂回輸出疑惑などが、相次いで新聞報道されています。「外国為替及び外国貿易法（外為法）」は、日本から戦争やテロを支援する国に対しての不正な輸出を防止するための法律です。このような可能性のある製品や技術が武器の製造や開発目的に転用・転売されないための措置を「不当転用・転売防止措置」といいます。

輸出に際しては、外為法や米国輸出管理規則等外国の輸出関連法規違反とならないよう契約時の確認が必要です。例えば、現在は国内のみで使用される商品であっても、将来海外の第三者に転売したり、海外での使用等の可能性のある場合には、法律に基づく必要な措置をとることを販売時に事前の契約により互いに確認しておく必要があります。

また、二〇〇二年四月の外為法改正により、規制対象を従来のハイテク品だけではなく「木材・食料品を除く全ての貨物と技術」とするキャッチオール規制制度が導入され、大量破壊兵器等の開発に用いられることを輸出者が知った場合や、経産省から通知を受けた場合には、輸出許可が必要となっています。

13「〝ソフトウェアライセンス〟無断コピーは　違法です」

ソフトウェアライセンスは多くの場合、相手先とのライセンス契約を締結した上で提供されます。具体的な契約の主な内容としては、①使用機器の限定、②無断複製の禁止（例えば一枚だけの複製は可能等）③逆アセンブル逆コンパイルの禁止等です。これらの条項に違反する行為を社員が行った場合には、ただちに著作権法違反にはならなくとも、契約違反として損害賠償を請求される可能性があります。

著作権法違反に対しては、二〇〇六年十二月に法律が改正され（施行は二〇〇七年七月一日）、罰則強化が図られました。刑事罰では、行為者は最高十年以下の懲役もしくは一〇〇〇万円以下の罰金、またはこれの併科、法人については三億円以下の罰金となっています。なお、この他に民事法上、著作権者から行為者及び法人に対する損害賠償の請求を受ける可能性もあります。

ソフトウェア取扱上の注意としては、①無料で公開されているホームページの内容のダウンロードは要注意です。無料で閲覧してもよいということと、それを無断で利用してもよいということは別です。利用する場合には必ず事前に著作権者の許可を取る必要があります。②パソコンへのインストールも「複製」の一種です。使用許諾契約には、パソコンへのインストール台数やバックアップ版作成の可否が記載されているので、使用許諾条件をよく読み契約違反とならないように注意する必要があります。

14「偽装請負　再々委託　二重派遣も　要注意！」

実態は派遣でありながら請負を装う、いわゆる「偽装請負」への取り締まりが強化され、摘発件数も急増しています。「偽装請負」とは、人材派遣会社が製造業などの企業と請負契約を結び、製品やサービスを引き渡す仕事を請け負いながら、派遣と同様に相手先企業に人を送り込み、企業の社員から直接業務の指示を受けたり、社員と同じ場所で混在となって労務を提供しているケースです。労働者派遣の場合、派遣受け入れ企業は、労働者安全衛生法、労働基準法の一部について使用者としての責任を負わされ、さらに三年以上の派遣受け入れ労働者に対しては、直接雇用の申し込みをすることが義務づけられています。偽装請負の急増の背景には、これらの義務を避けるためというのがほとんどです。

適正な請負の要件は、①業務の遂行方法の指示、②労働時間等の指示、③企業における秩序の維持、確保などの管理、④業務処理に必要な資金の調達・支弁、⑤民法商法その他の法律に規定された事業主としての責任遂行が、請負企業自身によって行われていることです。なお単なる肉体的な労動力の提供の場合は、適正な請負とは認められませんので注意が必要です。また、官公庁・金融関係を中心に機密保護やセキュリティ強化のために、従来は大目に見られてきた再委託、二重派遣について、禁止もしくは厳しく制限される傾向にありますので、労務の提供に関する契約内容についての事前の十分な確認が必要です。

15 「サービス残業摘発は　ＰＣ履歴が　エビデンス」

電力会社、郵政公社、大手人材派遣会社、銀行などにおいて、次々と内部告発によるサービス残業事件が発覚し、労働基準監督署による立ち入り調査の結果、数十億から数百億に及ぶ巨額の追加支払命令や業務改善命令が出されています。新聞報道によれば二〇〇五年の一年間にサービス残業に絡んで、監督官庁の摘発・改善指導を受けた企業の数は一五二四社に及んでいるとのことです。

監督官庁の立ち入り検査での実態調査の手法として一般的に行われるのは、社員各個人のＰＣの稼働時間と申請の残業実績との突合せです。これによって職場における残業実態が明らかとなり、乖離がある場合には、それが動かぬ証拠となって追加支払いの根拠となります。

サービス残業取り締まり強化の背景には、監督官庁である厚生労働省として、労基法違反行為の是正とともに近年急増中の過労死やメンタル自殺対策、さらには労働力減少の原因となっている少子化進行に歯止めをかける狙いもあるといわれており、今後とも厳しい取り締りや摘発が続くものと予想されます。また、恒常的にサービス残業が行われ、改善命令に違反した企業や会社ぐるみの悪質なサービス残業の場合は、直ちに企業名を公表されることになりますので要注意です。

16「飲酒事故　懲役最高二十年　飲ませたあなたは　共犯者」

飲酒運転ひき逃げ事故など悪質な交通事故件数の増加を背景に、刑法並びに道路交通法が改正され、飲酒運転に対する罰則が強化されています。例えば刑法においては、過失による事故で死亡または負傷のケースは、業務上過失致死傷罪（第二一一条）として「五年以下の懲役若しくは禁固又は一〇〇万円以下の罰金」に対して、飲酒による事故の場合は、危険運転死傷罪が新設され、「負傷十五年以下、死亡二十年以下の懲役」となっています。

また道路交通法は、酒気帯び運転等のおそれのある者への酒類提供や飲酒を勧める行為を禁止（第六五条）しています。刑法はそれらの行為を行った者については、教唆により飲酒したものと同罪（第六一条）または幇助として従犯（第六二条）として処罰されることになっています。

さらに道路交通法は、酒気帯び運転等の行為を禁止（第六五条）し、酒酔い運転並びに酒気帯び運転について前者は「三年以下の懲役又は五〇万円以下の罰金、後者は一年以下の懲役又は三〇万円以下の罰金」となっています。部下を罪人にしないためにも管理者は部下に対し「①飲酒の影響が残っている者には運転をさせない、②飲酒を伴う会合等へ車を運転して行かせない、③運転する者へは酒を勧めない」の三原則の徹底に留意しなければなりません。

17 「環境保全 〝産廃法〟 トレサビリティー 大丈夫?」

京都議定書に見られるが如く、地球環境問題は二十一世紀に人類が抱える大変深刻なテーマです。企業にとっても地球環境問題への積極的な対応は企業の社会的責任として果たすべき大きな経営課題となっています。とりわけ、企業におけるいわゆる「3R」＝「リユース、リデュース、リサイクル」への取り組みは、事業活動における重要な項目の一つとなっています。

一方、産業廃棄物の不法投棄による環境汚染問題が、大きな社会問題となっています。ご承知の通り、廃棄物処理法（産廃法）は、事業主に対して産業廃棄物の管理と処理について厳しい規制基準と罰則を設け、産業廃棄物を排出した事業主に廃棄物の適法な管理と処理を行う義務と責任を課しています。したがって、事業主が廃棄物処理を業者に委託した場合、事業主に悪意がなくとも、最終処理に至る段階で不法投棄等の違法行為が発生すれば、違法行為を行った悪徳業者のみならず、その業者に処理を委託した事業主に対しても管理責任が問われるケースもあります。

企業においてはこのようなリスクを回避するためには、業者に委託する際には廃棄物ごとに「産業廃棄物管理表（マニフェスト）」を発行し、廃棄物の処分がどのような形で最終処理されたか、追跡調査ができるような管理システムを構築しておくとともに、委託業者に対して廃棄物がキチンと契約通りに適法に処理されているか、定期的な監査やチェックを行うことが重要です。

18「重大事故の報告義務化！〝改正消費安全法〟」

石油温風機やガス湯沸かし器によるCO中毒事故、シュレッダーや折り畳み式ベビーカーによる指切断事故、PCや洗浄便座の発熱・発煙事故など、日常生活で身近に使用されるいわゆる生活用製品による事故が多発しています。経産省の調べによると、過去二十一年間のガス器具によるCO中毒事故死亡数は三五五人に対し、メーカーの報告で業界団体が把握できたのは一九九人とのことです。

このような状況を受けて、経産省は類似事故被害の拡大防止と早急な具体的対策実施を目的に二〇〇七年五月「改正消費生活用製品安全法（改正消安法）」を施行しました。今回の改正内容は、メーカーや輸入業者に対して、製品の欠陥による「重大事故」（①死亡事故、②全治三十日以上の負傷・疾病や後遺症となる事故、③ＣＯ中毒事故、④火災事故）の発生を知ってから十日以内に国への報告が初めて義務づけられました。報告を受けた国は、原則一週間以内に事故の概要を公表することとなっています。

国への報告を怠った企業には「体制整備命令」が出され、違反すれば企業の代表者に一年以下の懲役もしくは一〇〇万円以下の罰金が科せられます。企業においては、欠陥製品事故撲滅ためのなお一層の品質向上への取り組み強化、事故情報の迅速な収集体制の確立、事故発生時の「正直・迅速対応」がますます重要になっています。

19「〝下請法〟イジメに厳しい　監視の眼」

大企業による取引先や下請け業者に対する所謂「イジメ」など不公正取引の是正に向けて、監督機関による監視強化が図られています。最近の摘発事例では、取引業者に対する発注企業の地位乱用として大手家電量販店Y社やD社による人材派遣強要や、M銀行による商品強制購入などがあります。「下請代金遅延等防止法（下請法）」は、親企業者の優位的地位の乱用行為等を規制する法律です。下請法は、独占禁止法の補完法的性格を持っており、一九九九年七月に「親事業者の遵守事項の運用基準」が改正され、さらに二〇〇四年四月に製造業が中心だった対象職種に、新たに「情報成果物作成（プログラム・放送番組等）」「役務提供（物流・ビルメンテナンス等）」「金型製造」が追加になりました。

経産省と公取委は、なお一層の下請事業者保護と監視強化のために、公取委検査員の増員や、下請け法違反か否かを判断する運用基準の細目化、例えば「原材料高騰によるコスト増の単価への反映」や「下請企業の技術開発に対する単価への配慮」なども新たに判断基準に追加するとしております。

さらに、情報通信機器・ソフトウェア・コンテンツ・繊維・自動車の五つの業界については、それぞれ個別に違反行為の事例を示した指針を作成することとしています。指針そのものには法的拘束力はありませんが、違反行為として公表された場合は、企業の社会的信用などに大きな影響を与えることになります。企業においては、下請業者との取り引き適正化ついては十分な注意が必要です。

時事川柳——リスク・不祥事・事故

エロロ選

第1章　経営責任・不祥事責任・企業改革

シッポ切り
切りたいけれど
シッポなし

「国家より　企業の品格　問われてる」

▣企業の社会的責任はどこに？　CSR重視の時代。企業トップの姿勢と品格が問われています！

「トップこそ　去り行く時の　いさぎ良さ」

▣経営トップの究極の仕事は責任を取ること。イスへの固執こそ企業改革の最大の阻害要因！

「部下を切り　〝ケジメつけた〟と　言うトップ」

▣不祥事や経営責任のケジメは自らからつけるもの。トカゲのシッポ切りだけでは世間は許しません。

「シッポ切り　切りたいけれど　シッポなし」

▣責任を部下にのみ押しつけ、責任を回避するトップが増えています。切るシッポのある人は幸いです。

「〝責任〟の　二文字が辞書に　ない企業」

▣責任所在が明確でない企業、誰も責任を取らぬ企業、鉄は自らのサビで身を滅ぼす！　衰退の兆候。

「責任は？　〝居残り職責　果たします！〟」

▣最近の不祥事企業トップの記者会見における経営責任に対する常套句です。トップの責任とは果たして……。

「刷新の　人事でわかる　危機意識」

▣トップの仕事はまさに〝評価と人事〟です。現職総退陣、外部登用、若返り、院政人事など刷新人事もいろいろ！

「晩節を　汚して恥じぬ　経営者」

▣〝人物〟と言われた人ほど長期政権になると頑固、傲慢に！　最後は裸の王様となり晩節を汚す事例多し。

「老害が　改革スピード　遅らせる！」

▣何々天皇と称され、何十年も一人のトップが君臨した同族企業ほどリスク大。バトンタッチ遅れが命取り！

「不祥事の　老舗は介護　法人《ひと》となり」

▣名門企業も不祥事が原因で吸収、合併の対象に！　時代の座標軸の変化に遅れた企業の末路は哀れ。

「事故謝罪　棒読みトップは　何思う？」

▣顔も上げずに事務局作成の謝罪原稿をただ棒読みするトップ。企業の誠意・お詫びの心伝わらず。

「低頭の　角度そろわぬ　お詫びかな」

▣事故発生！　急遽、会見訓練一夜漬け。事故と謝罪への思いも様々。低頭で目立つは白髪と薄毛です。

「不祥事の　身内に甘い　処分案」

▣不祥事は企業風土が生み出すものがほとんど。社内処分も、つい身内には甘くなります。

「訴訟増え　社外役員　コマ不足！」

▣大企業の社外役員設置義務化。株主代表訴訟、賠償要求高額化で役員候補者選任が難航？

「監査役！　機能・力量　問われます」

▣新会社法で監査役の機能、責任が一段と強化。不祥事防止に向け監査役の機能、力量が問われます。

第2章　虚偽申告・偽装・改ざん・隠匿・ミス隠し・外為法違反

〝添加なし〟
温泉のウリと
なる時代

混浴だというから来たのに…
混じってるのが男女じゃなく添加物とは…

「捏造の　〝排気〟データは　〝廃棄〟ずみ？」

▣排気ガス測定データ捏造の大手商社に都知事も怒り心頭。各自治体からも損害賠償請求へ。

「偽装肉　怒りで溶けた　雪印」

▣輸入牛肉を国産と偽り補助金申請のY食品会社、社会的糾弾を受け倒産。他社でも類似事例次々と発覚。

「国産品？　別名　〝脱北アサリ〟です」

▣生産地表示義務化に対し、北朝鮮産を一時国内にて養殖。その後、国産品として市場へ。発覚、問題化。

「トリインフル　届出遅れが　命トリ」

▣A養鶏場、鳥インフルエンザ発生を隠して出荷。食の安全に対する市場の信頼を失い倒産。まさに〝命トリ〟！

「〝添加なし〟温泉のウリとなる時代」

▣白骨温泉だけではありませんでした。各地の温泉で添加物使用が発覚。天然温泉の定義が問題に！

「自らの耐震偽装で倒壊す」

▣Ａ一級建築士事務所、耐震強度計算数値改ざん。厳しい追求に偽装を自白。建築士資格取り消しへ！

「見逃した役所も悪いと強答弁」

▣耐震偽装の事実を隠してマンション販売。被害者へのトップ説明会見。自己弁護中心発言に怒りの声！

「改造は〝多少のスピード違反？〟です」

▣不正改造のＴホテルトップ、記者会見での無責任発言。再度のお詫び会見では態度豹変。平身低頭！

「改ざんで　検査職員　〝皆《かい》ざん〟げ」

▣原発、土壌、煤煙、排水、取水など、検査記録データで改ざんオンパレード。次々と内部告発により発覚。

「改ざんは　原発職員　得意技？」

▣電力各社で原発の点検データ改ざん多発。厳しい国の管理基準と現場の意識、感覚麻痺が原因？

「納豆の　不信の糸が　あとを引く」

▣Kテレビ局番組データ改ざん、他局で類似事例も次々に発覚。業界の制作会社丸投げ体質が表面化！

「請負も　偽装もします　製造業」

▣派遣法改正、製造業等で正社員登用義務回避のための偽装請負急増。法違反企業への取り締まり強化！

「医療ミス　白衣の人は　知っている」

▣誤手術、誤投薬など医療ミス隠し多発。患者虐待、預かり金詐取等々。医療従事者のモラルが問題化！

「只残《タダザン》は　ＰＣ履歴が　エビデンス」

▣大企業でのサービス残業内部告発多発。追加支払額も巨額化。個人ＰＣの稼働履歴が動かぬ証拠！

「無人ヘリ　不正を積んでは　飛べません」

▣軍事転用可能の無人ヘリの中国不正輸出未遂事件。外為法違反でＹ発動機。罰金と輸出禁止九ヶ月。

「測定器　迂回しテロの〝核〟つくり？」

▣高精密測定器メーカーＭ社、第三国経由によるテロ国家等への輸出疑惑。迂回輸出に厳しい監視の眼。

「不透明　取引代償　首三つ」

▣大手冷凍食品会社K社、取引先との不透明な「循環取引」「帳合い取引」等発覚。幹部三人引責辞任。

「介護費を　食いものにした　高いツケ」

▣介護ビジネスで急成長したK社、全国各地の施設で虚偽申告による介護料搾取が発覚。事業売却により市場から撤退へ。

第3章　粉飾・インサイダー・不正流用

制作費
胃腸の中に
消えました

「〝想定外？〟ヒルズの長者　檻の中」

▣〝想定内〟が一時流行語になった急成長ＩＴ企業トップ。証取法違反容疑で逮捕。第一審判決で有罪判決。

「粉飾の　化粧〝青山〟よく似合う」

▣Ｋ化粧品会社の粉飾決算に大手監査法人が関与。市場の番人への信頼失墜。監査法人の監視強化へ。

「粉飾の　監査法人　課徴金」

▣会計士法改正案、監査人の粉飾関与への罰則強化。個人のみならず監査法人対象の課徴金制度新設。

「番人が　不正加担で　身売りする」

▣Ｔ大手監査法人、相次ぐ粉飾など不正加担発覚。信用失墜で法人解散に！　馴れ合い監査に終止符。

「〝名義株〟知らぬが仏の　名義人」

▣有価証券報告書の保有株比率過少記載。S鉄道会社上場廃止へ。〝名義株〟の名前が一躍有名に！

「粉飾を　生み出す過度の　成果主義」

▣成果主義の企業への導入が一時大流行！　業績達成のための粉飾行為多発等の弊害も。運用見直しへ。

「インサイダー　聞いたあなたは　ペナルティ」

▣Mファンド社長、疑惑弁明の記者会見。〝聞いちゃったんですよ〟は言い訳にはならず。懲役三年の求刑！

「インサイダー　公告原稿で　ぼろもうけ」

▣N新聞社元広告担当、不正アクセスで公告情報を事前入手。インサイダーでぼろ儲け発覚、摘発へ！

「インサイダー　監視強化の　金融庁」

▣証券会社の法令順守、財務チェックは業界団体に委託。金融庁はインサイダー等不正摘発体制強化へ。

「補助金で　大学教授は　株投資」

▣W大学教授、国からの研究費補助金を私的流用。背景には日本の大学のお寒い研究費予算の事情も。

「制作費　胃腸の中に　消えました」

▣N放送局、担当者の番組制作費不正流用多発！　ずさんな管理に視聴者の怒り爆発。受信料支払い拒否！

「交際費　使途明細は　霧の中」

▣知事の交際費不適切使用疑惑。市民団体から告発訴訟へ！　身内に甘い補助金にも非難の声が……。

「調査費は　何の調査？と　オンブズマン」

▣各地方自治体の財政悪化深刻化。一律支給の議員調査活動費にも厳しい市民のチェックの眼。

「しがらみで　不正の関与　三十年！」

▣Ｍ銀行、金融再編統合後も過去のしがらみが切れずに長期にわたり不正温存。不正との決別はまさにトップの決断と責任！

「三十億　不正会計　賠償金」

▣Ｎ証券会社、不正会計で会社に巨額な損害を与えた前役員を提訴。賠償金三十億円要求！経営者に対する責任追及熾烈化の時代！

第4章　談合・違法献金・裏金・下請イジメ

スカウトも
表と裏の
攻めが有り

1
2
3
4
0
ウ千万
うわっ、表と裏であんなにちがう!?

「〝かずら会？　初耳です〟とは　面妖な」

▣道路公団幹部、談合温床疑惑のＯＢ会について「報道で初めて知りました？」。質問した猪瀬さんも思わず絶句。

「天の声！　漏れなく官僚　ついてくる」

▣長年にわたる官僚、政治家、業界とのトライアングル癒着！　官製談合の誘発の原因に……。

「緑資源　林道談合　森の中？」

▣独立行政法人〝緑資源機構〟。天下りＯＢを通じて長年にわたる組織的官製談合疑惑。理事六人逮捕へ。

「緑資源　ＯＢ資源（死源？）を　順送り！」

▣〝緑資源機構〟の天下り先ＯＢ、退職時に後任者を指名。後輩を順送りで天下りポストを私物化！

「談合の　油でジェット機　高く飛び」

▣防衛庁に納入のジェット燃料談合疑惑。官公庁案件の甘い汁に群がる大手石油会社にメス！

「水門の　上から価格が　漏れてくる」

▣国交省幹部と業者による水門工事官製談合。予算、価格、業者名等の情報。水門の上から漏れてくる？

「うまい汁　鋼鉄橋梁で　受け渡し」

▣道路公団発注の鋼鉄橋梁工事談合摘発！　大手建設会社と公団幹部との典型的な官製談合事件。

「水道の　メーター針まで　高く指す」

▣東京都発注の水道メーターの納入価格談合疑惑事件。都は談合企業に損害賠償請求へ！

「し尿処理　談合仲間と　臭い飯」

▣し尿処理設備工事で談合疑惑発覚。関係工事企業の幹部逮捕。有罪判決へ！

「天然ガス　設備談合　一億円」

▣国の補助事業、天然ガス自動車向け燃料スタンド建設談合。大手ガス会社系列等に排除措置命令！

「ガス工事　談合臭が　漏れている」

▣都市ガス鋼管敷設工事入札、大手設備メーカーによる談合疑惑が発覚。公取委が立ち入り検査！

「福・和歌・宮　談合疑惑の　三兄弟」

▣地方自治体財政悪化を背景に県政トップへ検察のメス。全国的な同時期摘発で社会的注目を……。

「脱談合！　企業の誓い　何処へやら」

▣大手企業による脱談合宣言！　その後も不祥事続発。トップの掛け声だけでは体質は変わらず。

「懲りもせず　携帯電話で　談合す」

▣企業間の情報連絡は携帯電話。〝脱談合宣言〟なんのその。談合組織は健在なり！

「名古屋地下　暗黙ルールが　支配する」

▣発覚防止に向けて暗黙ルールの存在が明らかに！　公取委〝悪質なり〟と独禁法違反容疑で刑事告発へ。

「日本版　司法取引　減免制度」

▣改正独禁法の課徴金減免制度。一種の司法取引制度。業者間の疑心暗鬼。申告件数一年で一〇〇件超！

「減免は　ＦＡＸ速度　課徴金」

▣ 談合課徴金減免制度発足。減免順位は到着順。自主申告受付はＦＡＸのみ。企業で高速ＦＡＸ需要増？

「課徴金　再犯企業は　五割増」

▣ 改正独禁法。過去十年以内に課徴金納付命令を受けた企業は、通常課徴金の五割増納付を規定。

「談合の　防止にチクリ　新制度」

▣ 官製談合発生防止に向けて国交省。発注業務従事職員対象の内部告発制度を新設。その効果は？

「記憶なし　一億円の　裏献金」

▣ 企業不祥事に絡み裏献金疑惑が表面化し訴追へ！　政治家がなりやすい「健忘症候群」でしょうか？

「順番に　裏金つくり　カラ出張」

▣官公庁、警察などの裏金問題。交際費、遊興費等捻出の常套テクニック？　永年にわたり組織的に展開。

「スカウトも　表と裏の　攻めが有り」

▣プロ野球S球団の裏金スカウト問題。表と裏のお金あり？　企業からの停止要請後も無視。水面下で継続。

「ヘルパーの　派遣強要　許さない！」

▣大手家電量販店Y社やD社、優越的地位利用による納入業者への派遣強要などの疑いで摘発へ！

第5章　重大事故・欠陥商品

責められて
〝寝てはいないよ
僕だって〟

寝てないなんて言ってしまった今の心境は!?
寝てないから言えないけど夢であってくれ〜〜っ!!
報道

「〝置石が　原因かも…〟とは　軽率な」

▣N鉄道会社、脱線死傷事故の記者会見。原因不明の段階での幹部軽率発言に被害者からも不信の声！

「責められて　〝寝てはいないよ　僕だって〟」

▣Y乳業トップ、記者の厳しい糾弾に感情的に反論！　全国に放映されイメージ悪化。要メディア訓練？

「食中毒　対応遅れで　ボイコット」

▣Y乳業、食中毒発生後の不適切対応で信用失墜！　栄光のブランド品。全国店舗から一時全商品撤去！

「人雪崩　明石の花火　悪夢事故」

▣明石の歩道橋での花火見物客圧迫死亡事故。主催元、警察、警備会社の管理責任曖昧。厳しく糾弾！

「六本木　回転ドアが　新名所」

▣超近代的ビルでの安全管理と対応が問題化。同様の軽微な事故が過去に多発！　報告と対策の遅れが原因。

「コースター　点検手抜きの　恐怖心」

▣E遊園地、ジェットコースター死亡事故！　類似事故一九九六年以降一三件、死傷者六九名。定期点検制度見直しへ！

「定検の　先送りのツケ　死亡事故」

▣原発施設定期点検、異常値を知りつつも検査を翌月回しにしたツケ！　配管蒸気爆発事故で一一名死傷。

「下請けに　品質までも　丸投げし」

▣日本有数の各大手メーカーで欠陥による事故多発。かっての〝物づくり日本〟の技術と誇りは今どこに！

「発煙で　〝リチウム電池〟　世に知られ」

▣世界的な部品共有化の動き。ＰＣの発煙、発熱事故多発！　一躍、〝リチウム電池〟の名前が有名に！

「リコールを　アンコールして　大目玉」

▣Ｍ自動車、度重なるリコール隠し発覚。監督官庁も厳しく対処。業務改善命令を発令！　企業トップも辞任。

「湯沸かし器　品質過信が　仇となり」

▣Ｐ社製品、長期にわたり死亡事故発生！　自社製品への過信と保身で対応遅れ？　被害長期化、甚大化！

「ＣＯ事故　お詫び続けて　〝株〟を上げ」

▣Ｍ電器、ＣＯ中毒事故対応に巨額投入。長期に徹底的にお詫びと回収対策。災い転じて福となす！

「密室で　ガス器具使用は　想定外？」

▣ガス機器メーカーR社トップ、ガス中毒原因に関する記者会見での発言。メーカーとしての責任意識は？

「消安法　事故情報の　開示義務」

▣改正消費生活用製品安全法。消費者保護のために製品欠陥事故情報の国への報告義務を新たに規定！

「経年の　劣化で火を吹く　扇風機」

▣二〇〇〇年以降製造後三十年以上経過した製品での発火・発熱事故二四件、扇風機発火で死亡事故発生。ＰＬ法の賠償責任十年以上経過後の製品事故責任は誰に？

「エレベータ　保守安全は　カゴの外？」

▣挟まれ死亡事故、ロープ破談火災事故等相次ぐ昇降機事故発生！　保守安全はメーカーの責任にあらずや？

「ご用心　幼児に牙むく　シュレッダー」

▣個人情報保護法などで家庭内にもシュレッダー！　使用環境の変化にメーカーの安全が追従できず？

「トラベルで　トラブル続きの　航空機」

▣大手航空会社各社、管理や整備ミス等によるトラブル続発！　空の安全確保に厳しい業務改善命令が……。

「格安の　ツアーは事故も　セットです」

▣価格破壊が続くバスツアー業界。過密スケジュール、交代運転手不在。過労による事故が多発！

「カラオケ店　〝違反ブルース〟　流行歌？」

▣カラオケボックス火災事故！　国の調査結果で業界全体の四五％に建築基準法違反。是正指導強化へ！

「アッチッチ　温水便座が　炎ふく」

▣温水洗浄便座の発煙、発火事故が多発！　経産省の発表によれば一九八四年以降二〇〇七年四月までに一〇五件発生。消費生活用製品安全法の対象に！

「飲酒事故　首長の首も　道連れに」

▣度重なる市職員の飲酒運転や死亡事故発生のＦ市。管理責任が問題に。市長選の行方にも影響？

「飲酒事故　殺人罪です　二十年」

▣飲酒運転死亡事故の刑法、道路交通法の罰則改正。危険運転死傷罪新設！　通常の殺人罪より重罪へ。

「酒供与　同席・同乗　同罪に！」

▣飲酒事故撲滅に向けて罰則強化。酒類供与者や飲酒運転同乗者等も教唆、幇助、共犯等で同罪へ！

「スパ爆発　対策手抜きの　死亡事故」

▣温泉の汲み上げで湧き出る天然ガス爆発で三人死亡。総務省消防庁調査、四七九施設中ガス検知器設置は二二施設（五%）、可燃性ガス量調査未実施は三二三施設（六七%）。安全対策に問題あり。

第6章　反社会勢力・不適切対応・過労死・食の安全・環境

不払いで
保険の安心
遠くなり

このたび今、入ってる保険が不払いになった時のための保険が新しく出まして…

「海の家　事件も遠く　なりにけり」

▣当時の大企業総会屋担当者を震撼！　反社会勢力との決別の契機へ。最近は暴力団資金源活動も多様化。

「総会屋　何時まで貴方の　お友達？」

▣Ｓ鉄道会社、腐れ縁の根は深し。〝内部統制基本方針〟で反社会勢力との関係遮断明記が新規義務づけに！

「クレームが　インターネットで　即配信」

▣顧客からのクレーム、大手電機メーカーＴ社の不適切対応。テープで録音され即全国ネットで公開！

「不払いで　保険の安心　遠くなり」

▣大手生保、損保各社で不適切な不払い事例多発！　〝安心を売る保険〟のイメージ失墜！改善命令へ。

「不払いの　調査で派遣　超多忙？」

▣保険各社の不払い調査業務。派遣会社への求人急増。派遣業界も思わぬ新特需でエビス顔！

「死差益で　利益はアップ　客ダウン」

▣保険金支払査定を故意に厳しく運用。予算以下の支払抑制による利益確保の疑い。そのツケは？

「貸す時の　笑顔が豹変　取立て時」

▣派手な広告で業績を伸ばしてきたノンバンク各社、違法取り立てが問題化。やはり〝借りるときは計画的に！〟

「派遣の死　管理責任　免れず」

▣派遣者過労自殺訴訟、派遣会社とともに派遣受入先のＮ社にも管理責任ありとの最高裁判決！

「配慮義務　過労死認定　新基準」

▣企業の安全配慮義務に厳しい司法の眼。因果関係判定基準も緩和。過去六ヶ月の勤務実績も考慮！

「期限切れ　使ったあなたも　期限切れ？」

▣菓子メーカーF社、製造現場でのマニュアル無視、現場判断まかせ発覚！　食品衛生管理体制にも問題？　新たに大手水産会社子会社で賞味期限切れの〝ネギトロ丼〟材料事件も発生！

「スミマセン　ペコちゃんうなだれ　涙顔」

▣長い間庶民に親しまれてきたマスコット人形。全国に多くのファン健在。パンメーカー支援で営業再開へ！

「肉マンに　巨額の賠償　添加物」

▣無許可添加物使用でD社代表株主訴訟。役員に対し巨額な賠償金要求。一審、二審ともに有罪判決！　二審判決、役員全員に総額約五億五〇〇〇万円の支払いを命令。

「モウケッコー　トンと気づかず　偽装ギュー（牛）」

▣〝偽装コロッケ〟が一躍有名に！　食品安全法に基づき厚労省は全国で関連商品の一斉検査へ！

「よく見れば　〝Ｐｅｅｆ〟ミンチと　書いてある」

▣Ｍ食品加工会社、コスト削減のために豚肉（Ｐｏｒｋ）をまぜたミンチを〝牛（Ｂｅｅｆ）一〇〇％〟として出荷。不正競争防止法違反容疑で強制調査。他に産地偽装の疑いも。

「非公表　〝隠匿なり〟と　責められる」

▣積極的に事実を公表しないのは〝隠匿〟と認定。不祥事後の役員不適切対応で〝過失責任〟追求！

「牛丼が　庶民の声で　復活す」

▣米国産牛肉輸入解禁、庶民待望の味。Ｙ社〝牛丼〟復活！　国の輸入管理体制は本当に大丈夫か？

「食安全！　健康食品　㊜マーク」

▣厚労省、健康食品の消費拡大に鑑み〝成分基準新設、認証マーク検討〟など安全性確保対策強化へ！

「中国産　有害食品　死亡事故」

▣有害ペットフード、咳止め薬服用死亡事故など中国産原料による被害。世界的に多発！　残留農薬野菜、歯みがき粉など有害製品。中国の食品二割が安全性に問題？

「温暖化　ガス削減に　目標値」

▣温暖化ガス削減に向けて国が指導強化。学校、病院、金融、飲食業界など数値目標付与業種拡大へ！

「CO_2　削減枠が　価値を生み」

▣地球環境保護は全地球的課題。京都議定書以来CO_2排出権が世界市場で取引の対象に！　因みに冷房一時間で約七〇g、テレビ一時間で約五五g、車一〇㎞走行で約二四〇〇gのCO_2を排出！

「エコ対策　ネックは大国　エゴ対策」

▣ CO_2削減の最大のネックは先進大国のエゴ。今こそ日本は得意の省エネ技術で世界的貢献を！

「省エネの　新規規制の　三品目」

▣ 国が省エネ規制基準、二一品目のうち新規に自販機、便座、ルーターを規制強化品目として追加！

「政投銀　環境企業に　支援策」

▣ 日本政策投資銀行、環境に配慮した経営をする企業を金融面で後押し。債権の証券化新事業を開始。

「排ガスの　環境汚染に　新裁定」

▣ 東京の喘息患者、国・都・自動車メーカーに賠償訴訟。高裁はメーカーに一二億円支払いの和解案を提示。原告・被告も受け入れ全面解決へ。環境は法的責任から社会的責任追及の時代へ。

第7章　企業再編・統合・M&A・倒産

少子化で
学校法人
生き地獄

「M&A　タヌキとキツネの　騙し合い」

▣勝ち残りのためのM&Aが急増中！　一方、投資目的の買収提案も。互いに腹の探り合い……。

「ノンバンク　淘汰を迫る　制限法」

▣利息制限法、高金利に上限枠。急成長のノンバンク業界に淘汰の嵐！　過払い金返還急増で赤字へ。

「再編で　郵政・大手に　対抗す」

▣郵政、大手銀行の攻勢激化。営業基盤拡大による生き残り。地銀同士の再編、経営統合が加速中！

「黒ラベル　アメリカよりの　ラブコール」

▣外資による業界再編が進む日本企業！　米企業よりビール大手への提携提案。真の狙いはどこに？

「敵対に　負けずに吠える　ブルドック」

▣米投資機関の敵対買収に対し、B食品会社は防衛策導入を株主総会に提案。八〇%強の支持で承認！

「サッポロと　アサヒに水差す　公取委」

▣ビール業界大手同士による合併の動き。市場寡占化懸念。果たして公取委の裁定は？

「不祥事で　パン屋にケーキが　入籍す」

▣大手パンメーカーY社、衛生管理レベル改善に向け菓子メーカーF社を支援。両社経営統合へ。

「〝ニッコー嬢〟　シティ・ボーイと　ウエディング」

▣日興コーデアルグループ、米国銀行最大手シティグループの傘下に。不正会計と業績不振の結末！

「魚ウォーズ　経営統合　生き残り」

▣世界的に魚を食する人口が急増。水産業にも〝捕獲枠割当〟減少危機。生き残りのために経営統合へ！

「身売り案　モノ言う株主　ノーと言い」

▣T鋼鉄会社株主総会、経営陣からの合併提案。投資機関等いわゆる〝もの言う株主〟が拒否！

「急増中　時間を買います　M&A」

▣市場変化のスピードアップに対し、製品開発や市場開拓の時間をM&Aでカバーの動き。世界的に流行！

「三角の　合併再編　加速する」

▣三角合併によるM&Aリスク増大！　企業の再編圧力加速。国は株主保護に向け情報開示義務化へ。

「再編を　促す入札　新基準」

▣国交省、公共工事入札企業の〝経営審査基準〟見直しへ。建設業界の再編促進加速化が狙い……。

「国際化　合併審査も　緩和され」

▣公取委、日本企業の国際競争力強化に向け、国内だけでなく国際シェアも合併審査基準の対象に！

「泣きながら　〝社員は悪く　ありません〟」

▣百年を超える名門証券会社Y社、経営破綻、解散へ。負け組み企業のトップは断腸の思いで……。

「少子化で　学校法人　生き地獄」

▣少子化による定員割れ、赤字経営で学校倒産急増中。差別化競争激化！　果たして生き残れるのは……。

「老舗店　生き残りかけ　手を握る」

▣人口減で消費規模縮小、市場競争激化。名門百貨店DとM経営統合へ！　流通業界再編の動き活発化。

第8章　情報漏洩・情報セキュリティ

アクセスに
スパイウェア
付いてくる

「情通じ　情報入手　常手段？」

▣某官庁の情報漏洩疑惑。昔も似たような事件がありました。第二の西山事件？　記者に事情聴取。

「2チャンネル　企業不祥事　掲示板」

▣内部告発？　2チャンネルに企業不祥事情報満載。リスク防止のために定期的な監視チェックが必要！

「ウィニーが　（防）機密　教えます」

▣委託先社員の個人PCより防衛庁の機密事項が漏洩。情報漏洩に対し受注金額の最高五〇％の課徴金契約条項新設へ！

「潜水艦　機密の漏れも　水面下」

▣潜水艦の機密情報漏洩事件疑惑。新たに全自衛隊員へ〝不振な働きかけや接近〟を次官へ報告義務化。

「イージス艦　機密管理は　イージー艦？」

▣最新型護衛艦の研修用機密資料、内部関係者により持ち出され流出。機密管理のずさんさが問題化！

「ウイルスと　シーソーゲームの　新ワクチン」

▣新型ウイルスも続々登場。年々被害件数、被害総額も増加。被害の形態も多種多様。要注意！

「漏洩の　お詫びは　金券五〇〇円」

▣ネット企業Y社、四三〇万件の個人情報漏洩。該当者に五〇〇円金券支給。迅速対応がモデルケースに！

「エステ店　漏洩賠償　@三・五万」

▣美容整形というシリアスな個人情報漏洩の賠償金。迷惑メール等実質被害発生！　賠償単価も高額化。

「宅急便　バイト手抜きで　宅休便？」

▣宅配業者アルバイト配送員が宅配物を自宅に放置。機密書類等の宅急便利用は慎重に！

「アクセスに　スパイウェア　付いてくる」

▣無料サイトへの安易なアクセス。知らぬうちにスパイウェアが侵入。思わぬ情報漏洩被害者に！

「漏洩で　問われる役所の　危機管理」

▣基本台帳、税務、捜査資料など機密情報の官公庁での漏洩多発。セキュリティ管理のずさんさ露呈！　警視庁では、一万数千件の捜査上の極秘個人情報が漏洩し大問題に！

「証拠品　紛失責任　誰が取る？」

▣談合事件で公取委が押収した証拠品。借り受けた地検特捜部が紛失し問題化！　清掃会社が誤廃棄？

「買い戻し　更なる脅しの　ネタとなり」

▣情報漏洩の事実発覚を恐れデータ買い戻し。これが更なる脅しの種となり恐喝不祥事件へ！

「漏洩の　情報売買　闇市場」

▣人事名簿、組織図、卒業アルバム、同窓会名簿など個人情報が闇ルートで高値売買。情報がお金の時代！

「情報は　現金以上に　価値を持つ」

▣氏名、年齢、性別、学歴、職業、電話番号、住所等。個人を特定する情報全て個人情報保護の対象です！

「ダイレクト　メールアドレス　何故わかる」

▣アンケート応募、会員登録、カード発行等。個人情報登録には全てに漏洩リスクが潜んでいます！

「連絡網　保護法タテに　断られ」

▣小学校、町内会、ＰＴＡなどの連絡表や名簿表。個人情報保護法を理由に拒絶！　行き過ぎた反応も発生。

「安心だ！　僕はアドレス　ホームレス」

▣情報漏洩やネット被害多発化。インターネットアドレスなし。いわゆる〝エレクトリックホームレス〟も急増中！

第9章　個人不祥事（破廉恥行為・横領詐取・失言等）

横領は
真面目・ベテラン
地味社員

不真面目・
新米・
ハデ社員・
横領の心配
なし!!
そのかわり
月給泥棒
だ!!

「横領は　真面目・ベテラン　地味社員」

▣社員による横領事件多発！　犯人の共通点〝真面目、ベテラン、地味社員〟。監査強化と定期異動を！

「銅投機　役員不知は　認めない」

▣銅投機失敗による巨大な損出発生の某商社。社員の不始末に役員の管理責任は免れません。

「科研費に　分担研究　甘い汁」

▣厚労省技官、研究採択を画策し分担研究名目で科学研究費補助金詐取！　補助金行政を悪用し甘い汁？

「手鏡は　大学教授の　必需品？」

▣人気タレント教授、駅構内で破廉恥行為現行犯逮捕！　マスコでも大きく報道。教授辞任へ。

「セクハラで　北米幹部の　首が飛び」

▣大手自動車メーカーT社幹部、セクハラ高額訴訟。更迭、示談等迅速対応でリスク拡大回避！

「均等法　セクハラ対策　強化され」

▣二〇〇七年四月施行〝改正男女雇用均等法〟。相談窓口設置、就業規則、懲戒事由等具体的措置を義務化！

「パワハラと　言われて上司　腰砕け」

▣最近の部下の意識も多様化で手強くなりました。厳しい指導に反撃も！　管理者も楽ではありません。

「ラッシュ時は　両手は吊り手で　身を守り」

▣痴漢取り締まり強化。〝やらせ痴漢〟で濡れ衣事件も発生！　被害者も多数。自己防衛を忘れずに！

「下ネタに　保守・革新の　区別なし」

▣保守、革新を問わず、議員のセクハラ不祥事などによる辞任事件。〝政治〟と〝性事〟は違います！

「セクハラの　検事の訴追　誰がする」

▣現職検事、同僚へのセクハラ行為で懲戒処分、退職辞任。セクハラ不祥事に聖域はありません！

「報道マン　今日は　ニュースの　ネタとなり」

▣報道関係者の不祥事多発。他社記事盗用、社用機材での盗撮、取材記事捏造等々。自らニュースの主人公に！

「愛人に　感謝されても　官舎なし」

▣政府委員の大学教授、愛人と官舎に同居発覚！　公私混同、自己中心の倫理が問題化。役職辞任へ。

「マスコミの　失言狩りで　失語症」

▣政治家、企業トップの失言。マスコミが過剰反応報道。今や有名人に〝失語症〟が蔓延中？

「不適切　レイプのたとえで　票が逃げ」

▣某政治家の講演会、「最近の男子は元気なし！　レイプする位の元気は必要」と発言。女性票減で落選へ。

「スイッチは　二人の〝愛〟です〝産む機械〟」

▣少子化対策で担当大臣、女性を〝産む機械〟と発言。マスコミ、女性議員が猛反発！〝産む機械〟の起動スイッチは二人の〝愛〟です。法律、政策だけでは動きません！

「〝しょうがない？〟急場（キュウマ？）しのぎの　辞任劇！」

▣核容認と誤解されるような発言に地元や与野党からも非難・糾弾の集中砲火！　守りも攻めも脇が甘い大臣、辞任へ。

「接待で　税務調査も　サジ加減？」

▣国税局調査官、税務調査先から接待や物品提供等利益供与。国税局への外部からの情報提供で発覚！

「ヘソクリは　コロッケ　ヤリクリ　横流し」

▣K食品工場長、廃棄処分の商品を横流し。相次ぐグループ不祥事にコーポレートガバナンスが問題に！

「〝鬼平〟が　今日は縄目の　恥を受け」

▣元公安調査庁長官が詐欺容疑で逮捕。国家安全の元総元締めのプライドと品格はどこに？

第10章　その他（社会・政治・経済等）

「国の為　誰が子供を　産むもんか！」

▣ 年金制度、労働力確保対策？　出生率向上に躍起の厚労省、その効果は？　〃産めよ増やせよ〃は昔の話。肝心なのは安心の子育て環境つくりです。

「種尽きず　お詫び公告　新特需！」

▣ 企業不祥事多発！　お詫びの種は尽きず。公告掲載で新聞、TV業界に新特需。風吹けば……のたとえあり！

「新知事は　鳥インフルで　試される」

▣ 不祥事による知事選で当選。直後に鳥インフルエンザ事件発生。タレント知事の活躍。連日報道で超人気に！

「出来レース　やらせ質問　公聴会」

▣ 形式を尊ぶ日本社会、公聴会の活発な議論環境根回しも事務局のタスク？　企業でもよくあるケース。

「役人は　分母減らして　率を上げ」

▣保険料徴収率の改善に向けてのお役人の知恵？　本来は社会保険料徴収増で財政改善が目的のはず！

「三百日　この子の父は　法が決め」

▣離婚後三百日以内出生児は前夫の籍。ライフスタイル多様化で無戸籍の子急増。行政も弾力運用へ！

「ポストとは！　赤子はモノでは　ありません」

▣賛否両論のうちに発足した〝赤ちゃんポスト〟。保護責任者遺棄罪定職の懸念も。果たしてその成果は？

「最高裁　〝伴奏イヤよ〟に　お灸すえ」

▣学校行事の国歌伴奏命令に対し音楽教師が拒否。公共性と思想、良心の自由との関係に断！

「分割で　年金相談　急増中」

▣二〇〇七年四月から離婚時の妻への年金分割制度が正式発足。窓口での分割相談件数も急増中です！　開始一ヶ月で相談件数二九五四件、データ請求も前月比の一・五倍へ……。

「国つくり　教育改革　待ったなし」

▣米百俵の精神。国つくりは人つくりです。学力低下、学級崩壊の教育現場。過度の〝個の尊重〟是正へ！

「自殺増え　イジメ基準が　見直され」

▣文科省案、イジメ有無の判断は子供の立場で！　PC、携帯による中傷、悪口も新たにイジメの対象に。

「履修漏れ　高から中へと　蔓延す」

▣私立学校中心に必須科目履修漏れ事実が発覚。校長の自殺事件発生！　入試競争行き過ぎの影響？

「中国が　電線・半鐘　食べに来る」

▣全国で金属盗難事件多発！　被害二〇億円以上。中国、インドの需要増による金属価格高騰が原因？

「民活で　強制徴収　保険料」

▣社保庁改革法案、保険料掛け金の強制徴収体制強化。民間への委託と不払者への課徴金を新設。

「自治体の　事業売却　花盛り」

▣病院、バス、介護、ガス事業など、いわゆる〝隠れ借金〟の抜本的削減に向けて公営企業の売却が急増中！

「伝えたい　伝える相手は　何処にいる？」

▣団塊世代の大量現役リタイア時代。貴重な技術、技能の伝承は？　後継者不足が一段と深刻化。

「告発に　解雇は不当と　賠償金」

▣M電器子会社、偽装請負を告発した派遣社員から雇い止め不当と提訴。第一審判決で慰謝料支払い命令。

「ご用心！　ATM詐欺　還付金」

▣税金還付をエサにATM捜査を指示し金銭を騙し取る新手の詐欺多発。すでに全国被害二〇〇件、被害一・七億円。

「特待の　球児を直撃　辞退球！」

▣高野連、特待生制度導入校を通達違反認定。申告校三五〇校、球児七〇〇〇名超。出場辞退騒動で朝令暮改。

「〝最賃法〟　不遵守企業に　監視の眼」

▣労働力に占める非社員割合増加。〝最低賃金〟の不遵守企業も増加傾向。国が注意喚起で監視強化へ！

「人不足　上場監査は　お断り」

▣金融庁、監査法人に財務諸表信頼性確保に向け体制強化指示。中小法人の人手不足で監査辞退続出。

「記録ミス？　宙浮く年金　五千万」

▣記録ミス、保険料横領等による不明の年金五千万件超。立証責任、時効に対して国が救済策を！　消えた年金に怒りと不安の声。

「テポドンで　空にもリスク　日本海」

▣六ヶ国協議の行方は？　他国からの攻撃リスクに高まる防衛意識。憲法改正論議にも影響か。

「免停の　欠陥教師　追試験？」

▣教育関連改革法案成立。問題教師の認定基準を明確化。資格取消処分も……。

「理不尽な　クレーム親に　ガード策」

▣学校での子供のトラブルに対し、理不尽なクレームや注文をつける教師泣かせの親が増加。対抗手段として、訴訟費用保険加入の教師急増中。

「燃料の　値上げに　音《ネ》あげる　製造業」

▣世界的に化石燃料の需要急増。ガソリン・重油にも値上げの動き。代替燃料開発急務！

参考資料

1　企業におけるリスクマネジメント
2　最近の企業・官庁のリスク発生事例
3　経営責任に対する最近の動向と対応策
4　リスク発生時の対応
5　対談「変化する時代の座標軸」
6　参考文献

1. 企業における リスクマネジメント

－リスクの多様化と環境の変化－

企業リスクの特色は 多様化･巨大化・複雑化

(1) リスクマネジメントを取り巻く状況

	項目	状 況
1	リスク発生要因の変化	経済グローバル化、規制緩和、罰則強化、会社法、・金融商品取引法施行、新会計基準、税制変更、インターネット普及、市場変化、モノ言う株主、社員意識変化、少子高齢化、労働力変化、企業統合、自治体合併、新監査基準、ＣＳＲ経営、円安、原油・レアメタル・穀物高騰 等
2	リスクの多様化・多発化	敵対的買収、市場競争激化、価格下落、企業不祥事、社員犯罪、情報漏洩、内部告発、人材流出、住民訴訟、株主代表訴訟、知財･ＰＬ訴訟、製品事故、重大災害、テロ、サイバー犯罪等
3	企業の「リスク管理強化意識」の高まり	・不祥事の「企業価値（株価）」への影響の増大 ・「企業ブランド」維持向上への取組み強化
4	リスクの複雑化と賠償リスクの巨大化	・「物のリスク」＋「人のリスク」＋「目に見えない賠償リスク」 ・「実用価値」から「情報価値」の時代へ

(2) 企業リスクの種類とその例

	区分		具体例
1	経営リスク	①労務	社員・役員不祥事、セクハラ･人権・雇用問題、労働争議、機密漏洩、内部告発等
		②法務	会社法、金融商品取引法、ＰＬ法、知財法、輸管法、独禁法、安衛法、労基法、株主訴訟等
		③財務	会計制度、資産運用、投資回収、税務問題、不良債権、敵対買収、取引倒産、為替変動等
2	災害･事故リスク	①自然災害	温暖化、台風、地震、津波、豪雨、異常気象等
		②ｲﾝﾌﾗ障害	電気、ガス、水道、通信、ｺﾝﾋﾟｭｰﾀｰ等
		③災害･事故	労働災害、火災、ガス爆発、漏電、有害物質等
		④交通事故	鉄道、航空、自動車、バス、船舶等
		⑤環境汚染	地下水、大気、排水、騒音、振動、土壌、産廃等
		⑥感染症	伝染病、狂牛病、鳥インフルエンザ、エイズ等
3	その他リスク	政治、経済、社会、犯罪	戦争、テロ、景気変動、マスコミ報道、為替、ネット中傷、ウイルス、盗難、詐欺等

(3) リスク管理強化が求められる４要因

①企業を見る視点、評価尺度の変化と厳格化

項目	内　容
評価尺度	２０世紀:「行政指導、業界慣習」(企業行動ルール) ２１世紀:「フリー･フェア･グローバル」 (規制緩和･自由公正競争･経営国際標準)
特色	①「公正なルール社会」(違反者は即追放) ②「事前規制」から「事後制裁」(行政の取締･罰則強化) ③「ＣＳＲ経営」(株主中心から全てのｽﾃｰｸﾎﾙﾀﾞｰ重視) ④「法律論」より「道徳･倫理･社会的責任」の追求 ⑤「モノ言う株主」(外資系ﾌｧﾝﾄﾞ、ﾈｯﾄ個人株主の増加)
評価基準(例)	「良き企業市民としての責任遂行」 品質･安全･環境･遵法･情報開示･内部統制･社会貢献等

②コーポレートガバナンス強化の要請

	項目	内容
1	米国企業改革法(02/7)	・エンロン／ワールドコム事件が発端
2	新監査役監査基準と 新内部監査基準 (04)	・「財務諸表＋内部統制」監査(COSO対応) ・「内部統制システム監査基準」明示(SOX法)
3	金融庁・東証の 企業監視強化 ・情報開示規制 ・役員監督指針 (04～)	・「情報開示ホットライン」(04/11金融庁) ・「宣誓書提出」/違反企業は上場廃止(東証) ・「有価証券報告書自己点検命令」(金融庁) *－04/12訂正:652／4543社 訂正件数:1330件－* ・銀行等役員資質 監督指針制定(06)
4	コーポレート ガバナンス体制強化 (05～)	・会社法施行に伴う「内部統制強化」義務付 ・有報虚偽記載:「課徴金新設」と「刑事罰強化」 ・上場企業の「社外取締役設置」義務付け
5	監査法人の監視強化 会計士・ 監査審査会新設(04)	・改正公認会計士法(同一監査人７年超禁止) ・監査法人の「内部統制監査」義務付け ・「登録制導入」と「業務改善命令」勧告追加

③ｲﾝﾀｰﾈｯﾄとIT技術発達によるリスク増大

項　目	内　容
現　象	サイバーテロ、ウイルス、フィッシング システムトラブル、情報漏洩 → ・サイバー犯罪急増 ・社会的影響大
経済産業省	●ＩＴ事故防止対策強化（企業格付制度導入:05年） ①漏洩防止策　②システム停止復旧等の状況 ●政府機関のシステム調達における審査強化（07年～） ①「会社格付け制度」の創設 ②評価基準設定→入札条件整備（重要ｲﾝﾌﾗ別） 技術力と実績(IPAが評価)・信頼性(障害時対応等)
防衛庁	機密情報漏洩に対する違約金（契約額の最高50%）
リスク被害状況	・個人情報紛失：06年2223万人分（前年比2.5倍） ・サイバー犯罪相談：06年3万千件 ・ウイルス被害届：06年 5万2千件（10年で50倍） ・１人当り賠償金：03年 500円 → 06年 1万～３万５千円

④事業運営に関わる法規制強化（法化社会時代）

(1) 電子コンテンツ管理強化･不正防止関連の法律等（04～）

・個人情報保護法・不正アクセス禁止法・電子署名法
・電子帳簿保存法・改正特定メール法　・電子文書法
・電子契約法　　・ＩＴ書面一括法

(2) 事業運営に関わる新たな改正法律・法令等

・改正不正競争防止法	情報不正入手行為への罰則強化	05/11施行
・改正独占禁止法	罰則強化等	06/1 施行
・偽造・盗難カード法	金融機関責任強化	06/2 施行
・公益通報者保護法	内部告発者保護等	06/4 施行
・新会社法	企業統治への規制強化等	06/5 施行
・金融商品取引法	金融市場取引ルール規制強化	06/7 施行
・改正建業法	丸投げ規制強化（民間工事も追加）	06/9 施行
・消費生活用製品安全法	重大事故発生の国への報告義務化	07/5 施行

2. 最近の企業・官公庁のリスク発生事例

リスクの芽　摘み取る　職場の　風通し

(1)個人情報漏洩・紛失、PC等紛失・盗難

①管理ミスによる個人情報の漏洩・紛失
ﾔﾌｰBB、三洋信販、ドコモ、警視庁、リソナ等

②ウイルスによる機密情報のネット流出
防衛庁、警視庁、社保庁、NTT、ANA等

③自宅、車上荒らし等による盗難被害
日電、ANA、JTB、ＮＴＴコム、サッポロ等

④漏洩に絡む恐喝事件
足利銀行、ヤフーＢＢ、富士通、KDDI等

情報が　今では巨大な価値を持つ　現金以上に要注意

(2) 金融商品取引法違反 事例

① 名義株

西武鉄道、
コクド

② 粉飾決算

カネボウ、中央青山、
ライブドア

③ 架空増資

丸石自転車、
東京相和銀行

④不明朗融資　拓殖銀行

⑤ インサイダー

村上ファンド、
アライドテレシス

⑥所得隠し

TV朝日、
日商岩井、
足利銀行

⑦不透明取引

メディアリンクス
加ト吉

金証法　違反は市場　即退場！

(3) 談合、裏金つくり、違法献金 事例

① 談合・カルテル等

トンネル設備／成田空港設備／汚泥処理施設
ジェット燃料／宮崎・福島・和歌山県工事
名古屋地下鉄／水門／鉄鋼橋梁工事
緑資源林道調査／枚方市工事／マリンホースカルテル

② 裏金つくり

警察／経産省／労働局／法務局／NEC

③ 違法献金

日本歯科医連盟／熊谷組

“談合・裏金・天下り”
慣行許さぬ　市民の眼

(4)サービス残業・不払い等違法行為 事例

① 総会屋利益供与
西武鉄道、日本信販
② 派遣強要・違法派遣
ﾔﾏﾀﾞﾃﾞﾝｷ、ﾄﾞﾝｷﾎｰﾃ
ｸﾞｯﾄﾞｳｲﾙ、ﾌﾙｷｬｽﾄ、佐川急便
③ 保険金不払い乱発
生保・損保（910億円・400億円）
④ 違法取立て
アイフル、武富士、
アコム

⑤ 保険料不正免除
社保庁
⑥ サービス残業
製造業、商業他
1728社（07）272億円
注：マクドナルド店長事件
トヨタQC活動労災認定
⑦ ｿﾌﾄｳｴｱ無断コピー
新潟大、岡山大

不払いで　保険の安心　遠くなり

(5)重大事故・PL等トラブル 事例

① 配管爆発死亡
関西電力

② 列車転覆死傷
JR西日本

③ 有害食品
雪印乳業
ＪＡﾌｰｽﾞ、丸大食品

④ エレベータ事故
シンドラー、
オーチスほか

⑤ CO中毒死亡
松下、パロマ

⑥ バッテリ発火・発熱
ソニー、松下電池

⑦ コースター死亡
エキスポランド

⑧温泉ガス爆発
シェスパ

⑨船舶衝突事故
海上自衛隊

定検の　先送りのツケ　死亡事故

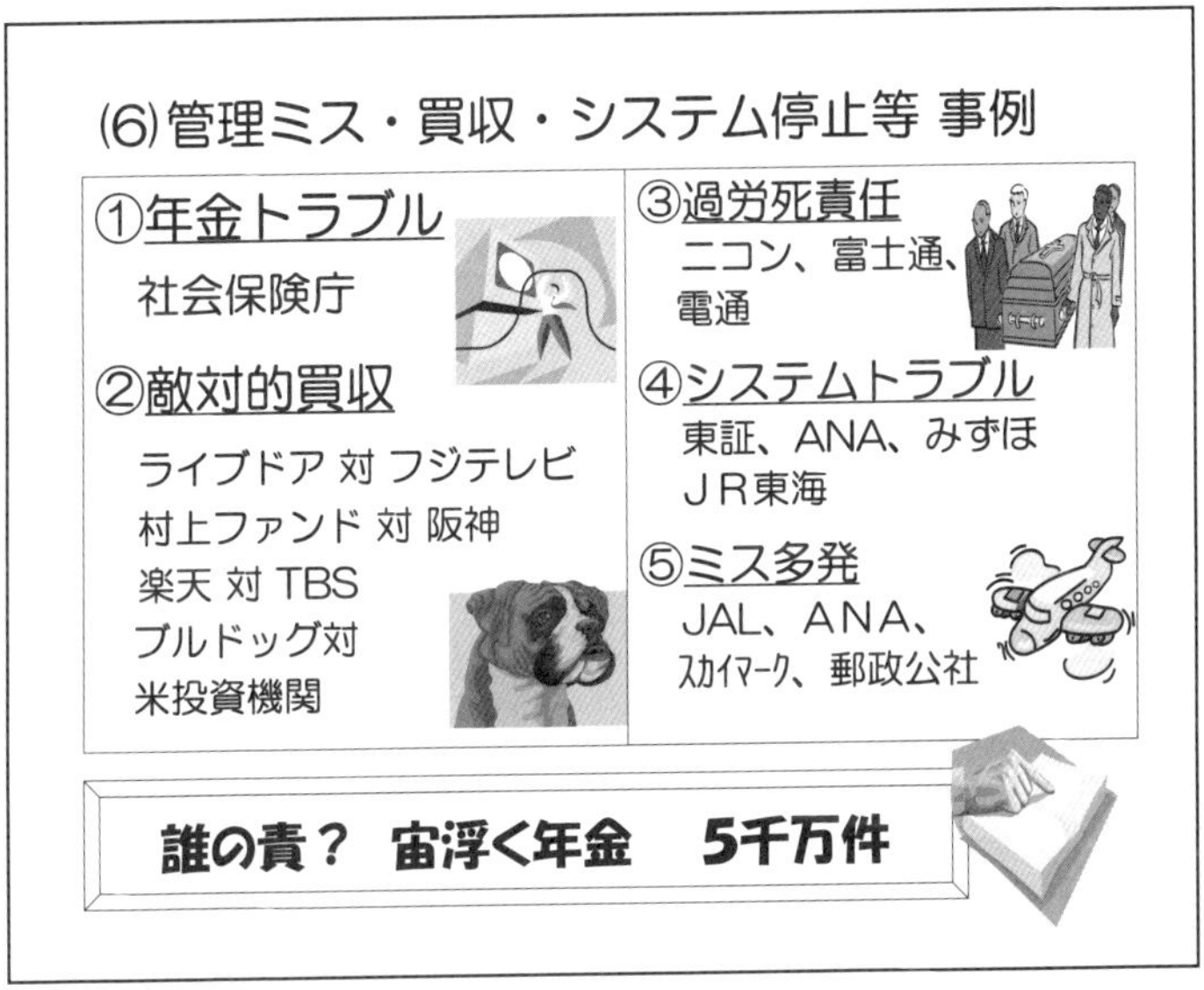
(6)管理ミス・買収・システム停止等 事例
①年金トラブル
社会保険庁
②敵対的買収
ライブドア 対 フジテレビ
村上ファンド 対 阪神
楽天 対 TBS
ブルドッグ対
米投資機関
③過労死責任
ニコン、富士通、
電通
④システムトラブル
東証、ANA、みずほ
ＪＲ東海
⑤ミス多発
JAL、ＡＮＡ、
ｽｶｲﾏｰｸ、郵政公社
誰の責？ 宙浮く年金 5千万件

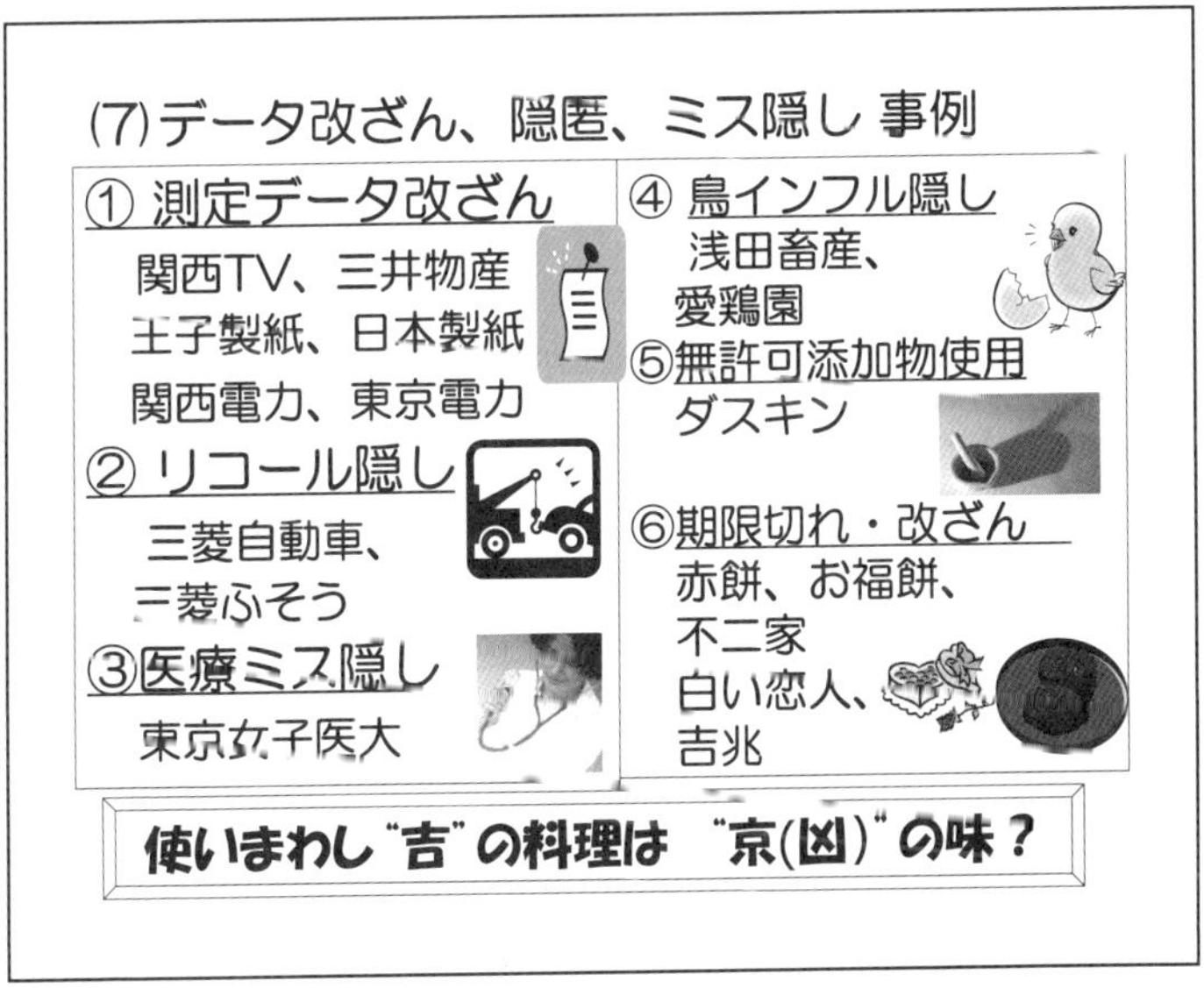
(7)データ改ざん、隠匿、ミス隠し 事例
① 測定データ改ざん
関西TV、三井物産
王子製紙、日本製紙
関西電力、東京電力
② リコール隠し
三菱自動車、
三菱ふそう
③医療ミス隠し
東京女子医大
④ 鳥インフル隠し
浅田畜産、
愛鶏園
⑤無許可添加物使用
ダスキン
⑥期限切れ・改ざん
赤餅、お福餅、
不二家
白い恋人、
吉兆
使いまわし"吉"の料理は "京(凶)"の味？

(8)偽装・虚偽申告　事例

①虚偽申告
日本ハム、雪印食品、
東横イン、コムスン

②偽装請負
キャノン・トヨタ　他
974社(05年)

③耐震偽装
姉葉、ヒューザー

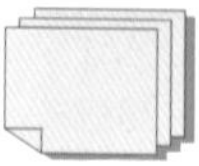

④再生紙偽装
日本製紙、王子製紙他

⑤リサイクル法違反
コジマ、ヤマダ

⑥不正輸出
ヤマハ発動、ミツトヨ

⑦食偽装：肉・魚・米・果物
ミートホープ、比内地鶏
高岡、丸明、魚秀、
美ら島フーズ、三笠フーズ

⑧耐火材偽装
ニチアス、東洋ゴム、日軽金

⑨樹脂偽装　三井化学

告発と　炎に弱い　防火材？

(9)業務上の個人不法行為 事例（元社員含む）

①　横領・贈収賄・詐欺
NHK、NTTデータ
社会保険職員、厚労省幹部
公安調査庁OB、早大教授
大分教育委員　ほか

②　セクハラ・パワハラ
国会議員、警察官、
検事、経営幹部、
判事、教授、教師
校長、大学総長、

③　インサイダー取引
経産省、日経、NHK、
野村證券

④　違法接待
社保庁、
国税庁、
厚労省、防衛省

⑤　横流し（PC・コロッケ）
JCB、東芝、加ト吉

⑥機密漏洩
自衛隊、内閣調査室

セクハラに　職業・職位の　区別なし！

3. 経営責任に対する最近の動向と対応策

コンプ・ES・CSは　経営力の　バロメータ

（1）企業幹部の経営責任追求事例（新旧役員対象）

	項　目	社　名
1	刑事訴追、逮捕、辞任、解任、減俸等	カネボウ、味の素、ダイエー、コクド、JAL、雪印食品、日本ハム、日本信販、日本テレビ、武富士、西武鉄道、ＮＨＫ、三菱自動車、東京電力、中部電力、関西電力、読売新聞、JFEスチール、三菱地所、東証、ＩＨＩ、荏原、住宅公団、KDDI、イーホームズ、木村建設、三菱重工、クボタ、ヒューザー、東芝、NEC、名鉄、損保ｼﾞｬﾊﾟﾝ、ヤフーBB、明治安田生命、三井住友海上、ライブドア、村上ファンド、パロマ、日経新聞、ミートホープ、加と吉、緑資源機構、大林組、熊谷組　他
2	株主代表訴訟・住民訴訟高額損害賠償	三菱自動車、熊谷組、三菱石油、ダイキン、ヤクルト、大和銀行、カネボウ、三菱重工、日立造船、住友金属、ＩＨＩ、住友重工、三井造船　他

（2）企業の社会的責任追求事例

1	マスコミ報道激化	ＪＲ西日本、JAL、ライブドア他
2	「消費者不買･不払運動」 「損害賠償訴訟」（倒産、廃業）	雪印食品、ＮＨＫ、浅田蓄産 ヒューザー 、木村建設　他
3	「上場廃止処分」 （有価証券報告書虚偽記載等）	西武鉄道、カネボウ、 ライブドア、ニッポン放送 他
4	「営業停止命令」「業務改善命令」 「業務改善指示」等行政処分 （監督官庁による処分多発）	アイフル、中央青山、三井住友、 明治安田、日生、JAL、大林組、 三菱自動車、三菱ふそう　他
5	「談合の罰則の強化」 「天下り規制」 「課徴金減免制度」の導入	・課徴金、賠償金の大幅引上げ ・道路公団トンネル設備談合 （適用第１号 ：重工、ＩＨＩ、川重）
6	情報漏洩賠償金の高額化 （ヤフー 460万人、KDDI 400万人、 三洋信販 120万人他）	漏洩企業平均賠償額： 03年：5億円→06年：13億円

（3）監督官庁取締りの特徴

①これまで問題とされなかったことも問題視！
②企業に対する行政当局の取締りの方針・考え方
そのものが変化！
③疑わしいだけで、捜査・調査を開始！
④報告の遅れ・虚偽報告に対して厳しく糾弾！

（4）最近の不祥事事例からの教訓

①法律の適用は甘くない！
かっての「必要悪」は明確に「悪＝罪」として裁かれる。
②行為者だけでなく、トップの管理責任追及へ！
③不祥事再発＝「致命的ダメージ」へ！
④対応は「法律論」でなく「社会的責任論」で！

（5）企業としての対応策

①	「内部統制システム」体制整備（会社法・金商法）
②	「敵対的買収防止策」導入（08年約500社）
③	「リスク・コンプ　ホットライン」の新設
④	「コンプライアンス教育」強化
⑤	「リスクマニュアル・コンプガイドライン」作成
⑥	「情報セキュリティポリシー」策定
⑦	「プライバシーマーク」取得
⑧	「ＣＳＲ・内部統制推進室新設」による活動強化

⑨	「役員賠償保険」「ＰＬ保険」加入
⑩	「役員賠償責任上限設定」（定款変更：年収の２年分）
⑪	幹部対象の「メディアトレーニング」
⑫	派遣受入社員、業務委託会社からの「誓約書提出」
⑬	社員等のメール、社外ｱｸｾｽ、使用ｿﾌﾄの「監視強化」
⑭	「セキュアPC、指紋認証付き携帯電話」等導入

リスク管理の　3要素
“予防”と“対処”と“再発防止”

4. リスク発生時の対応

(1)リスク発生時の初期対応5原則

(2)マスコミ対応心得10か条

(3)個人情報漏洩事件の対応プロセス例

(4)リスク対処基本心得 “8イング”

初期対応の良し悪しが　天国地獄の分かれ道

(1)リスク発生時の初期対応5原則

①正直・迅速を基本とする
対応が遅れて大問題となる前に、正直かつ迅速に事実を公表する

②組織的な対応体制を確立する
リスク対策本部の設置とメンバーの人選による情報窓口一元化を図る

③トップが陣頭に立って問題解決にあたる
先ずは、リスク被害の更なる拡大防止を第一に対処方針を決断する

④発生経緯・原因究明の徹底を図る
専門チームを作り、情報収集・調査分析体制を強化する

⑤外部対応は誠実・オープンを原則とする
発言等で言い逃れや責任転嫁の印象を与えないように注意する

(2)マスコミ対応心得10か条

①部下任せにせず、トップ自らが、正確な事実を理解・認識した上で記者会見等積極的に対応する

②正直・誠実な対応を基本に、責任回避的発言や、 安易な推測発言は厳に慎む

③事故や不祥事の発生に対して、真心のこもった遺憾の言葉やお詫びの言葉を表明する

④発生経緯や原因の調査結果の最新情報については判明次第、逐次、正直に公表する

⑤被害者・遺族等への補償・対応については誠意を持ってあたることを約束する

⑥責任問題については、事実解明と調査結果に基づき適切に対処することを表明する

⑦問題解決・再発防止に向けての具体的取り組みを積極的にPRし、企業努力への理解を求める

⑧マスコミ・被害者からの質問については誠意をもって極力、迅速に回答する

⑨記者会見では、真摯な態度で対応するよう心がけ華美な服装や、感情的発言は厳に慎む

⑩従業員等へ事実の周知徹底をはかり、不適切な行事への参加や軽はずみな言動を自粛させる

（3）個人情報漏洩事件の対応プロセス例

1	リスク対策室へ第一報：お客様・親会社等への報告要否判定
2	現地対策本部の設置とメンバーの人選
3	発生経緯と事実解明並びに原因分析作業
4	当該情報機器・情報媒体の徹底捜索
5	盗難・紛失・所在不明の可能性絞り込み
6	個人情報漏洩の影響度・重要度の徹底検証　（※顧客と営業の連携）
7	セキュリティレベル分析と漏洩可能性検証 ※
8	監督官庁への届出要否検討・協力 ※
9	警察への届出要否検討 ※（盗難届か、遺失物届か）
10	マスコミへの公表の要否の検討 ・公表時のＱ＆Ａ作成※
11	被害者となる可能性のある方へのお詫び状発送※
12	新聞等のメディアへのお詫び広告の検討と文案作成
13	マスコミ・お客様・営業対応体制の確立（電話・質問Ｑ＆Ａ作成）
14	社内各支社・従業員・組合などへの状況説明

(4)リスク対処基本心得 “8イング”

1.「冷静に　謙虚に事実を　ヒアリング！」
2.「率先し　現地・現物　ルッキング！」
3.「徹底し　原因・対策　ドリリング！」
4.「CSR　視点重視で　シンキング！」
5.「隠さずに　正直・迅速　オープニング！」
6.「初期対応　決め手は公表　タイミング！」
7.「着実に　対策・実践　ドッキング！」
8.「危機感を　全員共有　ドゥーイング！」

5　対談「変化する時代の座標軸」

――コンプライアンスの徹底は社員と家族を守るため

お　話　白木大五郎（日立電子サービス株式会社　常勤監査役〔当時〕）
聞き手　佐伯寿之（日立電子サービス株式会社　コンプライアンス推進室部長）

世の中は不祥事を許さない

佐伯　白木さんは六〇回を超える講演を通じて、管理職をはじめ現場や社外の方々とも対話を続けていらっしゃいます。リスクについてお話される理由は何ですか？

白木　私が「企業経営とリスクマネジメント」のお話をする背景は二つあります。

まず第一に、ここ数年で世の中の企業を評価する基準が大きく変わってきたということです。様々な法令が改正され、行政がアンフェアなことを決して許さないという方向に大きく変わりました。悪質な不祥事を起こした企業は、世の中から厳しく批判されて事業の継続を断念せざるを得ないケースも出てきました。

第二は当社自体のビジネスモデルが大きく変わってきたということです。即ち、従来のハード保守のビジネスだけでなく、お客様のシステムをトータルサポートする統合サポートサービス会社に大きく変わってきたということです。これに伴い、当社が独自のソリューションサービスを提供する前提として、直接、お客様と契約を結んだり、従来以上にお客様の大切な情報に直接触れる機会が大変多くなっております。このような変化に応じて、セキュリティ強化や社員の意識改革など対応しなければならないことが増えているのです。

佐伯　白木さんはもう二年半ほど講演を続けていらっしゃいますが、始めた当初と最近とでは聴講者の感想に変化はありますか？

白木　二年前は「時代の変化の大きさを初めて知った」「新しい知識を仕事で活用する」という感想が多かったように思いますが、最近は「自分の職場にこのような問題があるのでこう対処する」というような、一歩も二歩も進んだリスクマネジメントを考えてくれる管理者が増加してきたように感じています。コンプ室が発信している情報や事例、または新聞やテレビの報道を参考にして「自分の職場の問題」として考える意識が高くなっているのではないでしょうか。

知らなかったでは済まない時代

佐伯　管理者だけではなく新入社員にも講話をされていますが、どのようなお話をされているのですか？

白木　新人の皆さんには、まず当社の「行動指針」にある「基本と正道の精神」と「チャレンジ・スピード・信頼」について解説をし、特に〝信頼〟については「お客様からの信頼、社会からの信頼、そして従業員からの信頼」を得ることが重要であること、そしてコンプライアンス（法令順守）は企業存続の最低条件であること、また当社にとって〝人財〟、つまり皆さん一人ひとりが最大の財産であり、コンプ室の「コンプライアンス・マインド高揚活動」や「コンプライアンス教育」等は、その大切な〝人〟である従業員とその家族の生活を守るためのものので、コンプライアンスについては、企業人として「知らなかった」では済まされない時代になっていることをよく理解してもらえるように話をしています。

佐伯　講演の中で、「時代の座標軸が変わった」という言葉がよく出てきますね。社員の口からもよく聞くことがありますが、改めてその意味をお聞かせ願えますか。

白木　一言で言えば、企業の社会的責任重視やSOX法に見られるように、コーポレートガバナンス（企業統治）強化の要請等を背景として、社会や市場の企業を見る眼が厳しくなっているということです。つまり、社会の意識変化や新しい法律の制定等によって、従来はさほど厳しく問題視されなかったことが問題となったり、「是」とされていたことが、逆に「非」とされることが多くなったということです。近年進められてきた規制緩和政策により、新規市場参入等の自由競争が許される代わりに、企業活動に対して、単に法律違反か否かではなく社会通念や倫理観に照らして「フェア」か「アンフェア」かが問題視される企業環境になっているのです。

近年、経営と資本のグローバル化が急速に進んでいます。従来の日本の商慣習や行政指導といったものが、グローバルな基準からすると「アンフェアな行為」と捉えられる時代になり、海外資本の投資判断も、会計基準・経営統治・CSR・情報開示など、国際基準に照らしてどうかが問われるようになっています。これを受けて日本でも、公益通報者保護法や会社法の施行、独禁法の改正等、古い価値観を大きく変える動きが出ています。

最近「法化社会」という言葉をよく耳にしますが、その特色は「規制緩和」と「罰則強化」です。言い換えれば、「過去の価値観や成功体験にとらわれ、変化に対する危機意識が欠けていると時代に取り残され、市場からの退場を余儀なくされる」という認識を持っていただくようにいろいろなところで繰り返しお話ししています。

佐伯　社会が企業に求めるものが変わってきたということですね。コンプランスというのは知識を持つだけではなく、意識・行動にまで落とし込まなくてはならないのですが、コンプ室としても行動レベルの教育がなかなか難しく四苦八苦しています。白木さんがまとめられた「リスク・コンプ・基本動作　川柳・標語百選」はスクリーンセーバーや唱和など有効な使い方ができた教材の代表ですが、これはどのようにして生まれたのですか？

白木　コンプライアンスそのものが堅い話である上に情報量も多く、なかなか理解しがたいのではないかということから、話のキーワードを使った川柳／標語をつくり、講話の最後に皆さん全員に読んでいただくことで理解の手助けにしていただきたいと考えました。

ホットラインはチクリのツール⁉

佐伯　白木さんがコンプ室長時代に設置したホットラインの目的をお聞かせください。

白木　当社のホットラインは、いわゆる「チクリのツール」ではありません。全国の拠点で勤務されている皆さんが対処に困るような問題に直面した時に、一人で悩むのではなくどうしたらよいか相談できる窓口として設置したものです。ホットラインは、正に従業員の皆さんをリスクから守るための相談窓口としての支援ツールです。

しかし、このような問題はまずは「風通しのよい職場での上司と部下との良好なコミュニケーションの中で対処・解決されるのが基本であるべきだ」と私は考えております。そういう職場つくりが大前提にあって、ホットラインは職場の問題解決の最後の手段という意味を持っています。

さらに、万一不祥事が発生した場合に第一報を入れる窓口という役割も持っています。不祥事発生と同時に第一報が入れば、問題に向けて会社としての迅速かつ組織的な対処が可能となります。

佐伯　昨年、当社は、様々なリスクから社員を守るツールをいろいろ取り入れました。不正防止だけでなく「ES向上」（従業員満足度向上）という観点からも必要ですね。

白木　例えば、情報が内部に残らないセキュアパソコン、指紋認証機能付携帯電話、カーナビ、ETC、営業車への金庫の装備などですね。現場では大変に喜ばれています。私は、「CS向上」（顧客満足度向上）も「コンプライアンス意識」もそれを支える基盤は「ES」だと信じています。「ES向上」には業務ツールの充実や労働条件の整備ももちろん大切ですが、基本は従業員一人ひとりが会社や職場を愛し、自分の仕事に誇りとやりがいを感じるということです。そして管理者の役割はコミュニケーションによって職場内の風通しをいかによくするかということと、管理者自身の価値観や判断の座標軸、あるいは組織の目標や課題を部下としっかりと共有することだと思います。そして従業員の皆さん一人ひとりに「コンプライアンス」は誰のためのものでもなく、自分と、自分の家族を守るための大切なものであるということをきちんと理解させることだと考えています。

人間は思わぬミスをしたり、ある環境下ではつい魔がさしてしまう弱い生き物です。管理者はその弱さを十分認識し、いかにして教育指導や管理システムでその弱さをガードしていくかです。当社にとって一番大切な従業員や部下を罪人にしないよう不祥事から守るのは、経営者・管理者の大きな責任であると考えています。

佐伯　コンプライアンス・マインド高揚活動は、コンプライアンスに関する職場のコミュニケーションをよくするための活動と理解し展開していますが、良好なコミュニケーションの秘訣がありましたら教えてください。

白木　私はコミュニケーションというのは「キャッチボール」だと考えています。何よりも上司のボールの投げ方が重要ですね。例えば、上司が「何か問題はないか？」と聞く。これでは大半の部下は後が面倒なのでつい「特に問題はありません」と答えたくなるものです。きちんとボールが返ってくるように「この点が心配だがどうなっているか？　これについてはどう思うか？」といった具体的なボールを投げることがポイントです。ある意味では、「上司の質問の仕方で上司は部下に評価される」とも言えます。

また、私は「情報は水と同じ」と思っています。水は常に低いところに向かって流れます。管理者が高い姿勢であれば情報は流れてきません。立場が高くなればなるほど姿勢・目線は低くすべきです。アンテナは高く、姿勢は低く、部下の話をよく聞いて問題を未然に把握することが大切ですね。

一人ひとりが〝自律考動〟を

佐伯　管理者に望むことをお話いただきましたが、一般従業員の皆さんに望むことがありましたらお聞かせください。

白木　当社は全国三二〇以上の拠点で広範囲なお客様にサービスを提供しています。会社の中では一つの拠点、一人の従業員ですが、お客様にとっては皆さん一人ひとりが当社代表であり、当社そのものです。即ち、皆さんの日々の行動が当社の行動そのものであると同様に、コンプライアンスの面でもまったく同じことが言えます。皆さんの日々の行動そのものが、当社の企業価値に直結しているということを肝に銘じていただきたいと思います。

佐伯　最後に当社のコンプライアンス全体についてメッセージをお願いします。

白木　企業価値を左右する要素を突き詰めて考えると、それは、一人ひとりの従業員の意識と行動です。特にコンプライアンスにおいては、時代や環境の変化で判断の座標軸が大きく変わっています。一方、会社規則が変化に追いつかないケースもありますので、何も考えずにひたすら規則やマニュアルだけに頼っていると思わぬ落とし穴に落ちる危険性もあります。

当社のビジネスモデルが大きく変わる中で、今、求められているのは、変化に即応した正しい座標軸に従い、問題意識・危機意識を持って自分で判断し、行動できる〝自律考動型〟の〝人財〟です。監査業務を通じて感じるのはこのような「問題意識・危機意識」を持って〝考動する管理者や従業員が非常に増えているということです。これは当社が確実に良い方向に向かっている証拠です。ぜひこの動きを今後ともさらに加速していただきたいと思います。

佐伯　「コンプライアンス」は誰のものでもない。従業員皆さんと家族の生活を守るためのものであることを肝に銘じて、今後のコンプライアンスの推進に努めてまいります。ありがとうございました。

（二〇〇七年二月）

6 参考文献

東京火災海上保険『企業リスクのすべてその事例と対策』東洋経済新報社、二〇〇一年

郷原信郎『コンプライアンス革命』文芸社、二〇〇五年

郷原信郎『企業法とコンプライアンス』東洋経済新報社、二〇〇六年

田村達也『コーポレートガバナンス』中央新書　二〇〇二年

佐藤孝幸『内部統制が良くわかる講座』かんき出版、二〇〇六年

中野真美『労働者派遣法の解説』一橋出版、二〇〇六年

島村昌孝『監査役の仕事』日興企画、二〇〇六年

岡村久道『個人情報保護法後の最新状況と再検討課題』財団法人産業経理協会、二〇〇五年

諸石光熙『法務リスクとコンプライアンス』社団法人日本監査役協会、二〇〇六年

上村達男『最近の会社事件をめぐる法的諸問題』社団法人日本監査役協会、二〇〇六年

鳥羽至英『会社法監査と内部統制システムの構築』社団法人日本監査役協会、二〇〇六年

浜辺陽一郎『株主代表訴訟への実務対応』社団法人　本監査役協会、二〇〇六年

日立電子サービス株式会社『コンプライアンス・ガイドライン』二〇〇六年

日立電子サービス株式会社『コンプライアンスＱ＆Ａ』二〇〇七年

あとがき

「リスク被害の最小化！　これぞ対処の基本なり」「漏洩はＩＴ企業の恥と知れ」「経営はリスク対処の積み重ね」――このような企業リスクやコンプライアンスに関する「リスク・コンプライアンス標語・川柳１００選」が、情報システムの統合サポートサービス会社「日立電子サービス株式会社」の全国約三二〇拠点、関連会社を含めて約七〇〇〇人の社員が使う全てのパソコンのスクリーンセーバー画面に表示されています。筆者は長年、この会社のコンプライアンス（法令順守）担当役員として企業リスクに対する社員の危機意識を高め、情報漏洩等の企業不祥事発生の未然防止に腐心してきました。

全国の各拠点における管理職や一般社員・新入社員を対象とした社内研修会でとりわけ苦労したのは、いかにして社員にコンプライアンス意識を維持継続させ、それを職場内に企業風土として定着させるかでした。思案の結果、企業リスクやコンプライアンスに関する講話や研修会で話をした中で重要事項や指導ポイントを「リスク・コンプライアンス標語・川柳１００選」としてまとめ、その資料を全員に配布の上、講話や研修会の最後に受講者一人ひとりに読み上げさせ必要に応じて再度、コメントをつけることによって意識づけを行うこととしました。

また、時間とともに内容が忘れられないように「リスク・コンプライアンス標語・川柳１００選」の内容を、グループ社員全員のパソコン画面にスクリーンセーバーとして常時表示させ、職場でいつでも誰もが常に眼に触れることによって、社員の企業リスクやコンプライアンス意識の維持・向上を図ることにしました。

さらに、管理者の職場におけるコンプライアンスに関する指導テキストとして「リスク・コンプライアンス標語・川柳１００選　解説書」を作成し、コンプライアンス意識啓蒙教育の一助としました。このことは二〇〇七年二月、社員のコンプライアンス意識向上のために「スクリーンセーバーを利用したユニークな手法」として、共同通信社から取材を受け、全国地方紙にも数多く紹介されました。

「リスク・コンプライアンス標語・川柳」を使ってのリスクマネジメントに関する講話や講演は社内だけでなく、依頼を受けて、大学、お客様企業、日立グループ企業、日立経営研修所等でも実施いたしております。受講者からの反応は大変好評で「最後に講義の要点がキチンと整理されて理解しやすい」「標語・川柳という形で記憶に残りやすい」「部下に朝礼等で話をする時に引用しやすく最適」「あの川柳の言葉が特に心に響いた」「リスクマネジメントの重要性がよく理解できた」など嬉しい感想文を数多くいただいております。

企業不祥事が多発化する中で、どこの企業でも従業員へのコンプライアンス意識の徹底に苦慮されておられると思います。このたび関係者の方々の薦めもあって、「リスク・コンプライアンス標語・川柳100選」と「解説書」の内容を見直し、加筆修正するとともに、新たに作成した企業や官庁における「リスク・不祥事・事故　時事川柳」を加えて、企業リスク・コンプライアンス担当者の実務参考書、『あなたの会社は大丈夫？――標語・川柳で学ぶ管理者のための企業リスクマネジメント』と題して出版することにいたしました。本書が企業におけるリスクマネジメントに関する研修等で何かの形でお役に立てば幸いです。

最後に、まずはこの本の出版の趣旨に熱烈なご賛同をいただき、素晴らしい挿絵を描いていた

中國新聞（夕刊）
2007年（平成19年）2月2日（金曜日）

「漏えいはIT企業の恥と知れ」「不祥事でメディア訓練、一夜漬け」。こんな標語や川柳が全国約三百二十拠点、関連会社を含めて約七千人の社員が使うパソコン画面上で流れる。

情報システム会社のコンプライアンス（法令順守）

転機

日立電子サービス
白木大五郎
監査役

共同通信社より全国に配信された紹介記事
（中国新聞2007年2月2日・夕刊）

スクリーンセーバーとなった「リスク・コンプライアンス標語・川柳100選」

だいた風刺漫画では日本第一人者の堀田かつひこ氏に心からの御礼を申し上げます。そして本の執筆にあたり終始暖かいご理解とご支援を賜った日立電子サービス株式会社の皆様、原稿編集においては多大のご協力をいただいた中島真己さん並びに本書の構成や原稿チェックに尽力いただいた株式会社日立テクニカルコミュニケーションズの皆様と田口真穂さん、さらに推薦文の玉稿を賜りました日立電子サービス株式会社百瀬次生社長、政治評論家三宅久之先生、世界の音楽アーチスト喜多郎氏に心から感謝申し上げます。

この本をその出版を楽しみにしながらも四月二十日に急逝した今は亡き愛する母に捧げます。

二〇〇七年六月七日　母の四十九日法要の日　福岡市天神にて

企業リスク研究所代表
白木大五郎

■著者略歴

白木　大五郎（しらき・だいごろう）

＜略歴＞

昭和 16 年　福岡県福岡市生まれ
昭和 35 年　福岡県立修猷館高校卒業
昭和 40 年　早稲田大学法学部卒業
昭和 40 年　株式会社日立製作所入社
　　　　　　労務、人事、総務畑に従事
　　　　　　工場総務部長、本社勤労副部長、
　　　　　　半導体事業部・情報事業部次長、
　　　　　　株式会社日立製作所理事を歴任
平成 12 年　日立電子サービス株式会社
　　　　　　（現 株式会社日立システムズ）
　　　　　　常務・専務・常勤監査役を歴任
平成 19 年　日立電子サービス株式会社退任
同年 4 月　「企業リスク研究所」代表就任
同年 10 月　RKB 毎日テレビ対談番組「元気 by 福岡」に出演
現　在　　企業リスク研究所代表、株式会社ハイマックス監査役、
　　　　　　経営塾白木塾塾長、中間法人東京福岡県人会理事、
　　　　　　鎌倉ユネスコ協会理事、鎌倉市倫理法人会副会長

＜主な講演歴（順不同・敬称略）＞

企業・大学・諸団体などで役員・管理職・社員対象に年間 50 回程度講演

(1) 企業講演「企業経営とリスクマネジメント」、「職場管理とコンプライアンス」など
「日立製作所」「九州電力」「三井不動産」「三井物産」「栗田工業」「NHK 福岡」「NEC」「小田急電鉄」「東京地下鉄」「王子製紙」「JR 東日本」「ネクスロ東日本」「富士通エフサス」「太陽誘電」「JA 全農いしかわ」「高田工業所」「健康家族」「アズビル」「理研ビタミン」ほか

(2) 大学・諸団体講演「川柳・標語で学ぶリスクマネジメント」「就職活動とリスクマネジメント」など
「東工大」「信州大」「九州産業大学」「多摩大学」「東京リーガルマインド大学」など「日本 CATV 技術協会」「福岡県商工会女性部」「監査役懇話会」「福岡商工中金会」「電機連合茨城地協」「石川県税理士協会」「九州電子流通業協議会」「東芝全国 FS 会」「下松市中小企業育成協議会」「福岡銀行福友会」「ぶぎん地域経済研究所」「七十七銀行会」「JL 連合会」「倫理法人会」「ライオンズクラブ」「ロータリークラブ」ほか

＜企業リスク研究所＞

企業リスクの有効なコントロールが注目される中、激変する経営環境に伴って変化する企業リスクとその管理についてを研究する目的で 2007 年 4 月に設立。現在、銀座、鎌倉、福岡の事務所を拠点とし、全国の大学や企業で講演会の開催、研究成果に基づいた出版物の発行、個別コンサルティングなどを実施。

連絡先：〒 247-0064　鎌倉市寺分 2-20-3
• HP: http://www.k5.dion.ne.jp/~riskri/

◆ 著者選：企業不祥事川柳ベスト10

・国産の　ウナギが喋る　中国語
・期限切れ　使った会社も　期限切れ
・坊ちゃんが　カジノで火遊び　大往生
・“飛ばし”をば　青い目社長に　蹴飛ばされ
・天の声　もれなく官僚　付いて来る
・手抜き放置　ポッポ屋魂　何処へやら？
・モウケッコー　トンと気づかず　ミンチ肉
・改ざんで　特捜検事は　皆（カイ）懺悔
・パワハラに　内部告発　倍返し！
・安全の　神話が残した　高いツケ

あなたの会社は大丈夫？
標語・川柳で学ぶ管理者のための企業リスクマネジメント

二〇〇七年八月一〇日　発　行
二〇一三年一〇月二〇日　第四刷発行

著作者　白木大五郎

編集協力　株式会社日立テクニカルコミュニケーションズ

発行所　丸善プラネット株式会社
〒一〇一-〇〇五一
東京都千代田区神田神保町二-一七
電話（〇三）三五一二-八五一六
http://planet.maruzen.co.jp/

発売所　丸善出版株式会社
〒一〇一-〇〇五一
東京都千代田区神田神保町二-一七
電話（〇三）三五一二-三二五六
http://pub.maruzen.co.jp/

編集・組版／有限会社 アーカイブ
印刷・製本／富士美術印刷株式会社
ISBN 978-4-901689-77-9 C0034

付録「コンプライアンス　グッズ　折り紙」の折り方

①表の目の書いてある方を中に
二つに折り、三角形をつくる。
(三角山で)

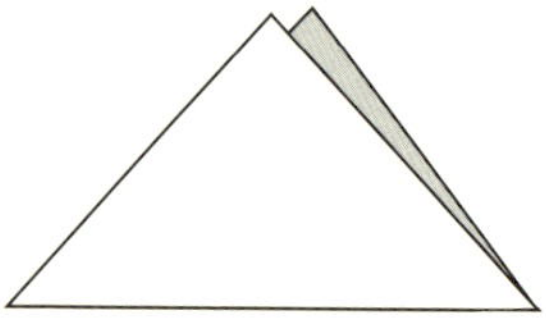

②両端から三等分内側に
お家の形に折る。
(お家をつくり)

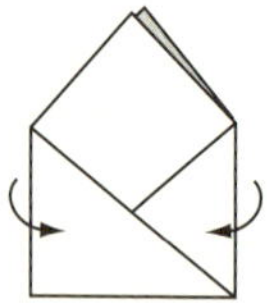

③両脇の三角部分を図のように
左右に半分に折り上げる。
(上げ、上げ)

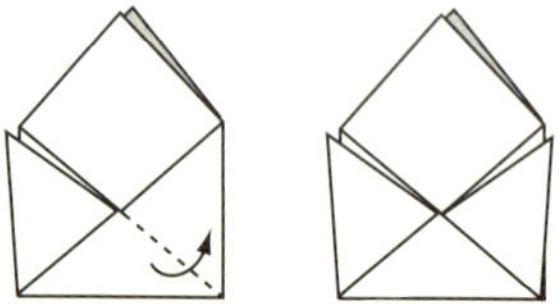

④さらに、折り上げた三角の部分を
真下に半分に三角に折り下げる。
(下げ、下げ)

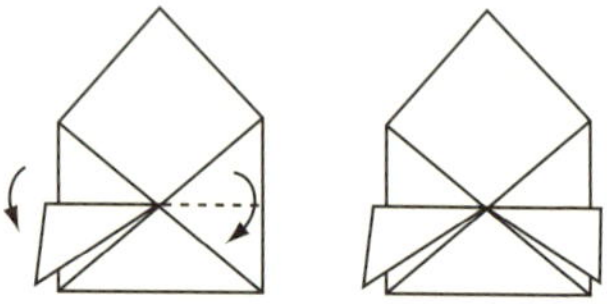

⑤下げた部分をそれぞれ水平に
横にひげのように半分に折る。
(ひげ、ひげ)

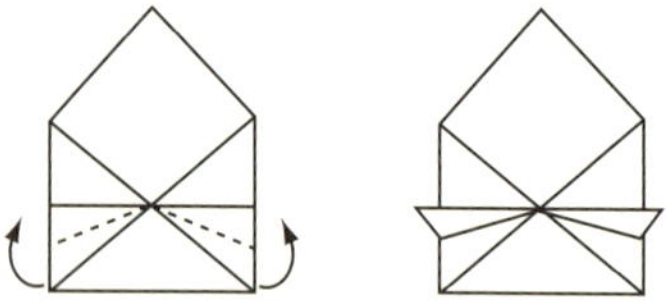

⑥ひげの出っ張った所を半分に
犬の耳の形に真下に下げる。
(みみ、みみ)

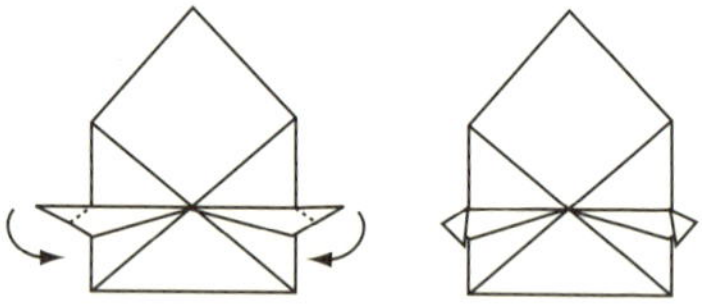

⑦しっかりと折り目をつける。
そっと正方形に開く。
図の山折、谷折線に
従って折り進む。

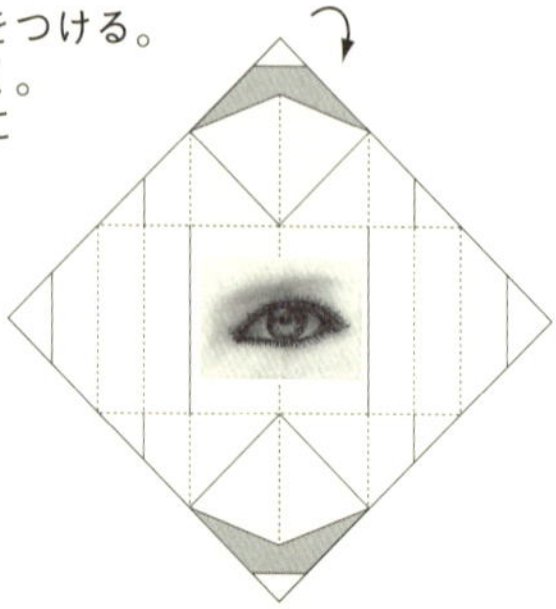

「コンプライアンス　グッズ　折り紙」

1　折り方
- 外枠を切り取り正方形をつくる。
- 実線部分を「山折り」にする。
- 点線部分を「谷折り」にする。

2　手順（前ページ参照）

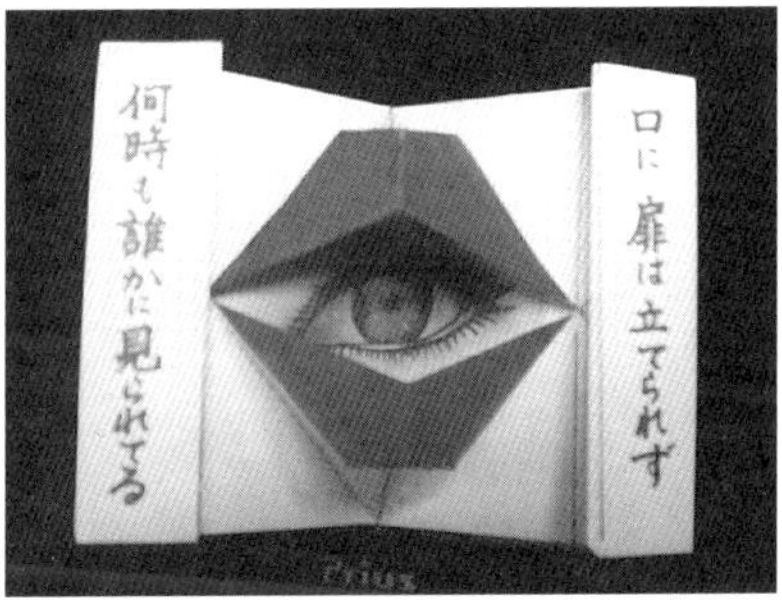

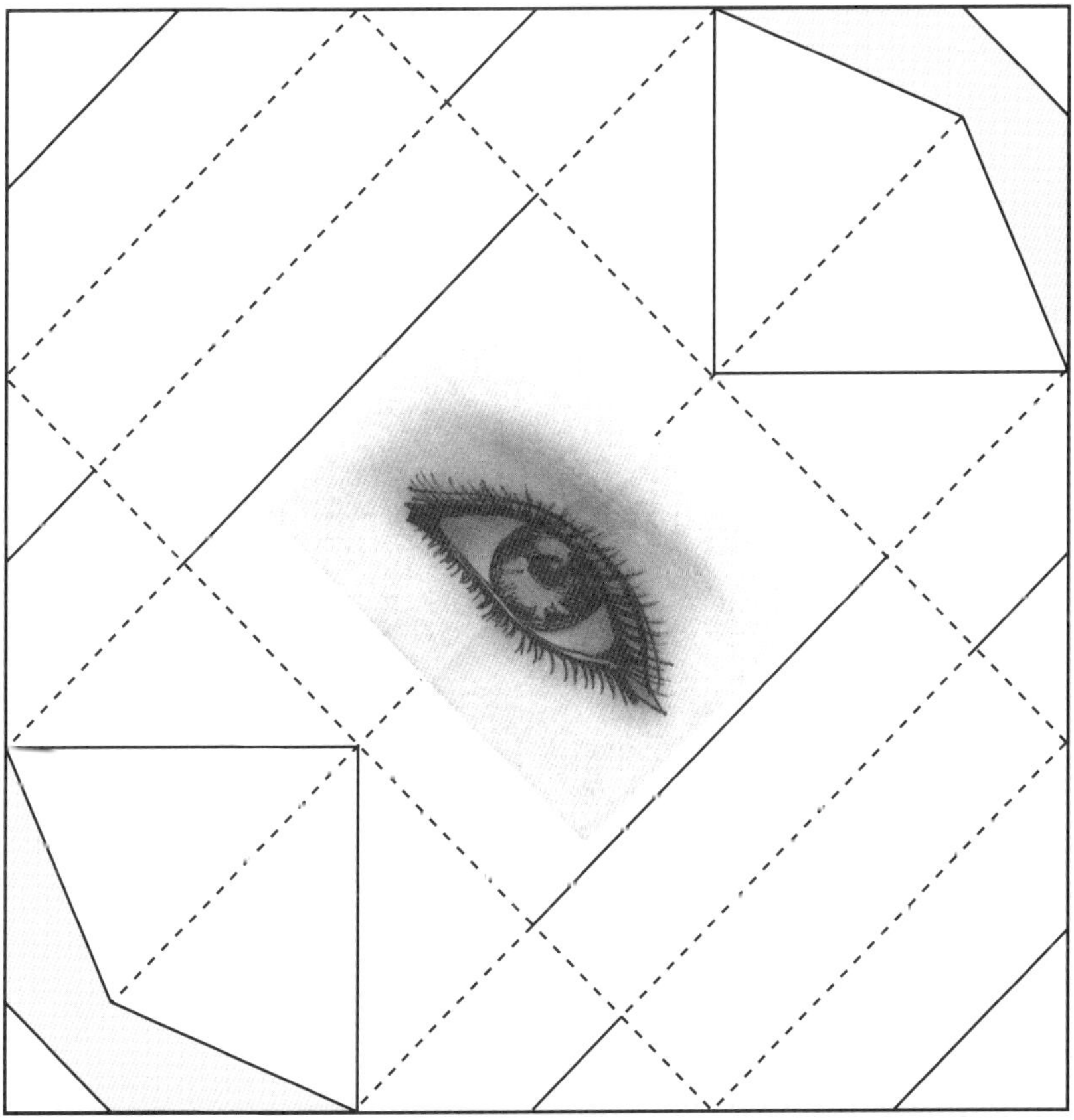

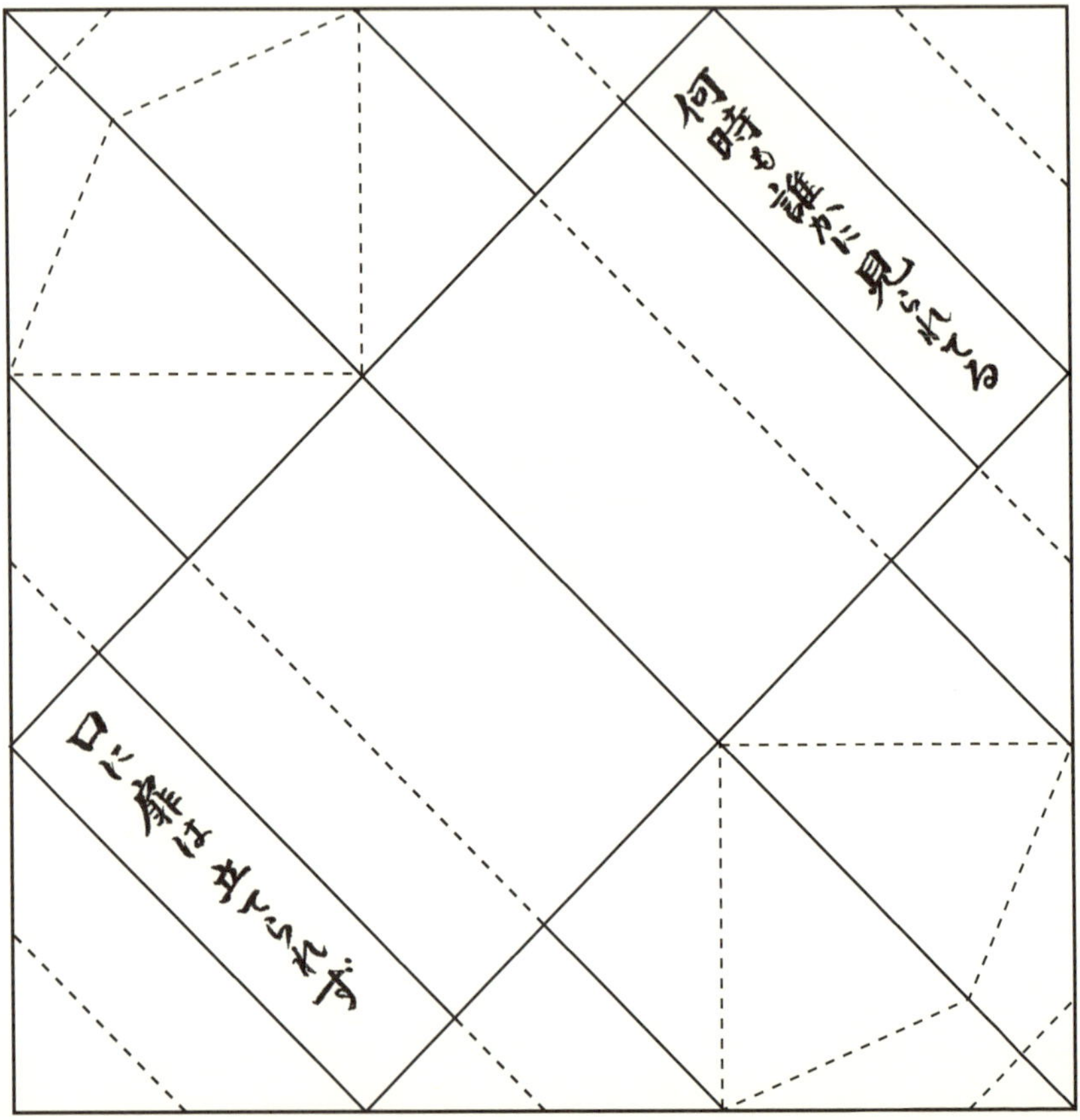
何時も誰かに見られてる
口に扉は立てられず